日本建築を作った職人たち

寺社・内裏の技術伝承

浜島一成

吉川弘文館

はじめに

世界最古の木造建築・法隆寺金堂、
世界最大級の木造建築・東大寺金堂。

この二つの木造建築が我が国にあり、さらに、古代から現代に至る木造建築の連綿たる歴史が我が国にある。最近完成した東京オリンピック・パラリンピックのメインスタジアム・国立競技場は、多くの「木」を軒先のルーバー等に使用するなど、「木」を意識した建築であり、我が国の「木」の文化の歴史の系譜上に位置づけすることも可能な、現代建築の代表作といえるであろう。

ところで、木造の古建築には、多くの詳細な解説書があるものの、古建築を手がけた職人（本書では木工《こだくみ》と呼ぶ）に関しては、その系譜や技術の伝承等について、あまり詳しく記されない。例えば、幸田露伴の『五重塔』の「のっそり十兵衛」や、幻の宮大工「左甚五郎」は有名ではあるが、彼ら木工の生活の実態は、というと謎の部分が多い。そこで、本書では、このような伝統技術を今日まで保

図１　工事現場の図（屏風絵、筆者蔵）

持し、さらには発展させた木工に焦点を当てることとする。

現在、木造建築の工事に従事する職人を大工《だいく》と呼ぶが、時代によって、この語はその意味するところが変化する。古代律令政府においては、大工は最高の地位を占める建築技術官僚であり、「だいこう」もしくは「おおきたくみ」と呼び、その下に少工・長上工・番上工と続く。また、平安時代中期以後では、大工は建物の工事ごとの統率者を意味するようになり、その下に長《ちょう》・連《れん》と続く。そして、中世では、工事を請け負うための独占的権利である大工職《だいくしき》が成立し、その大工職を所有した建築技術者を大工と指すようになる。さらに、近世では、幕府や藩の建築関係の役所の長や、木造家屋を建築する職人を意味するようになる。

このように、大工という語は、時代によりさまざまな意味を持つ。そのため、本書では混乱を避けるために、現在の「大工さん」に相当する職人の呼び名で、史料の上でたびたび見出される「木工（ここでは木造建築技術者一般を指することとする）」を使用する。

本書では、第Ⅰ部において、古代から近世に至る造営組織の変遷について述べる。古代では、国の行政組織（木工寮・修理職等）、中世では、寺社における工事管理組織と木工の組織、近世では、江戸幕府の行政組織（作事方・小普請方）等を中心に述べる。

第Ⅱ部では、東寺・高野山・伊勢神宮・北野天満宮で活動した木工について述べる。木工は、古代では官に所属する身分（いわゆる官工）であったが、古代末では各寺社の造営工事に携わる一方で、その官工としての身分に変化が生じ、中世では寺社専属の木工（寺工、社工）へと変化する。その変化する過程を、寺社等に残る系図等をもとに述べる。また、中世から近世そして近代へと、内裏の大工からその活躍の場を広げていった木工家（近・現代では建築家）木子氏についても述べる。

二〇二〇年十二月に「伝統建築工匠の技：木造建造物を受け継ぐための伝統技術」がユネスコ無形文化遺産に登録されたように、日本の木造建築を造った職人、特に木工の伝統技術は、世界的に認められたものである。本書は、こうした優れた腕前を持った木工たちの系譜や技術伝承の背景の一端を、木工の生活（給料・税・資格・住居・家族関係等）といった側面から解き明かそうとしたものである。本書により、木工の地味ではあるが堅実な、その社会生活についての理解がより深まることを期待する。

目　次

Ⅱ　木工の系譜

図・表目次

図

表

I　造営組織の歴史

第一章　古代の造営組織

一　律令制以前

木工に関する最も古い史料の一つに、『日本書記』応神天皇三十一年条（四世紀後半～五世紀初期）がある。そこには、新羅よりすぐれた「匠」が我が国に送られ、それが猪名部の先祖と記される。この猪名部は、渡来系氏族の秦氏との間に族的結合があったとされ、同書の雄略天皇十三年九月条（五世紀後半）に、名工猪名部真根《いなべのまね》の記事があることから、木工としての技術を身につけていたと考えられる。

そして、敏達天皇六年（五七七）に百済より「造寺工」六人が渡来し、崇峻天皇元年（五八八）に百済より「寺工」が送られ、法興寺（飛鳥寺）が造営される。

そのため、秦氏系の新羅系技術者である猪名部から、六世紀になり仏教寺院造営を契機として、百済系技術者（後述する渡来系氏族である倭漢氏）に、造営活動の中心が移ったといえそうである。

ところで、『日本書紀』白雉元年（六五〇）十月条に「将作大匠荒田井直比羅夫《あらたいのあたいひらぶ》を遣わして、宮地の境界標を立てさせた」とあることから、律令制が確立する前に存在した建築関係の役所として、「将作大匠」があげられる。この名称は唐の官制にならったもので、当時建設の予定されていた難波長柄豊碕宮の造営のための臨時的な役所とみなされる。この「将作大匠」は、役所の名称であるとともに、役所における造営担当技術者の中の最高責任者の名称でもあったとされ、（倭漢《やまとのあや》）荒田井直比羅夫は、単なる木工ではなく、技術系官僚と考えられる。

1　古代の寺院　その一

法興寺（飛鳥寺）

日本における最初の本格的な仏教寺院。百済系技術者のもと造営される。一塔三金堂形式の伽藍配置は、高句麗・清岩里廃寺（平壌市）に通じる（図2参照）。

法隆寺金堂（六七〇年に焼失、その後に再建か）

世界最古の木造建築であり、その様式を比較できる木造建築は現存しない。しかし、平壌市周辺に位置する高句麗壁画古墳の壁画にある建築図等には、四世紀～六世紀前期までの木造建築の構造細部が描かれ、法隆寺金堂との類似性が指摘される。関口欣也は、法隆寺金堂の特徴的な細部様式として、

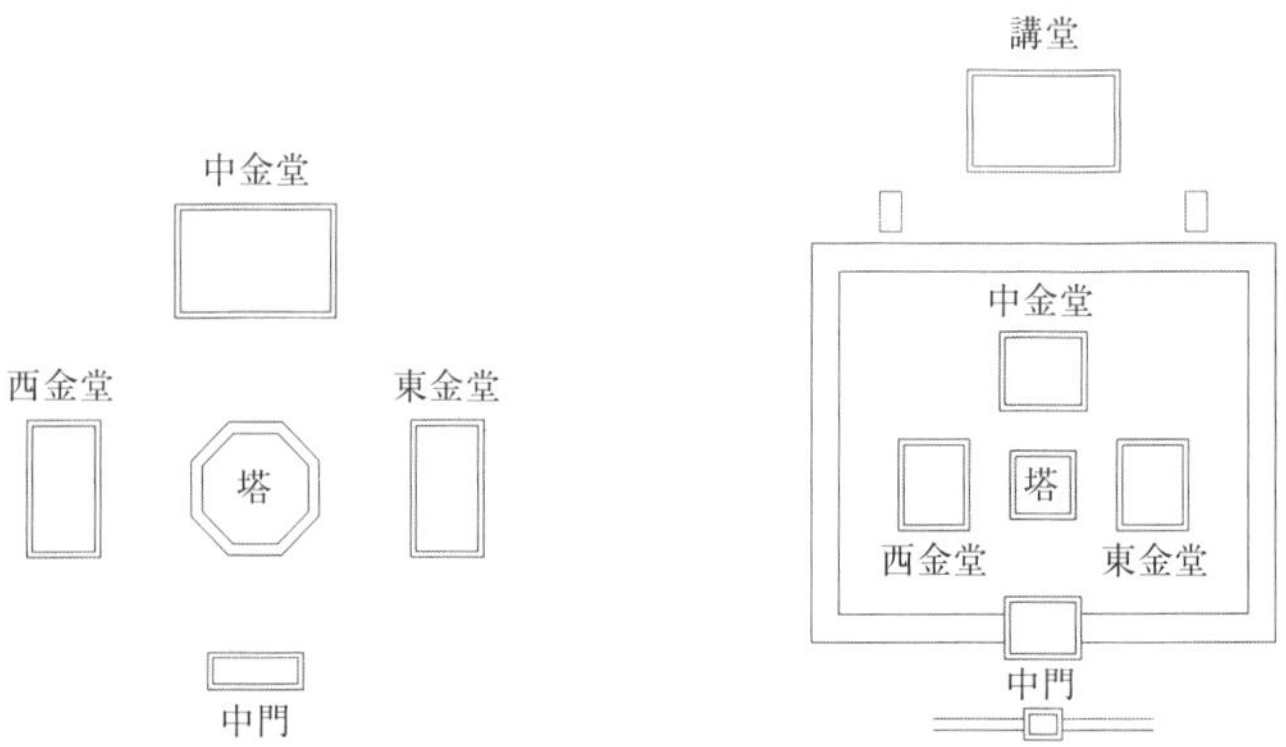

図2　清岩里廃寺配置図（左）飛鳥寺配置図（右）

図3　法隆寺金堂

雲斗雲肘木、柱の胴張り、人字形の割束等をあげ、こうした建築様式は日本で形成されるものの、その源として高句麗建築をあげる。高句麗建築は、後漢の余影を残した東晋（三一七〜四二〇）ごろの様式を祖型として形成され、たとえ百済的要素の付加があったとしても、その骨格的様式は法隆寺金堂と同一の系統にあると指摘する。

つまり、四世紀〜五世紀初期ごろの中国建築の様式が、高句麗・百済を経て日本に大きな影響を及ぼしたといえそうである。おそらく、将作大匠が主導して、高句麗建築を習得した百済系の木工らの指導のもとで、法隆寺が造営されたのであろう。

二　律令制以後

1　木工寮と修理職

奈良時代において、律令制が確立すると、建築関係の役所として宮内省内に木工寮が設けられる。その構成は次のとおりである（「職員令」『令集解』による）。

頭一人。助一人。大允一人。少允二人。大属一人。少属一人。
工部廿人。使部廿人。直丁二人。駈使丁。

この中で、木工に関係するのは「工部廿人」である。この「工部廿人」を採用するのに際し「雑色白丁に限ず。工を知る者を取る。」と記し、雑色や白丁といったその人の出自に関係なく、個人の技能を重視したことがわかる。また、天平十七年（七四五）四月の甲賀宮・恭仁宮の造営工事において、「長上十一人、番上百七人、斐太匠三十八人」（「木工寮解」）とあることから、実際の工事では、さらに多くの建築技術者が従事したといえる。海野聡は、八世紀における木工寮の役割は、建築技術者をストックする行政機関であり、他の機関へ建築技術者を派遣するなど、技術者の管理・差配をすることと指摘する。

ところでこの時期、多くの造営工事が進められ、令外官として造宮省、造京司、造寺司等が設置され、木工寮から技術者が派遣されたが、工事の終了等により、それら機関は廃止、もしくは木工寮に統合される。

一方、修理営繕を主とする令外官である修理職が、弘仁九年（八一八）に設置されるものの、わずか九年で木工寮に統合され、再度、今度は常設の役所として寛平二年（八九〇）に設置される。そして、この時期を境に、木工寮と修理職により、寺社や宮中諸殿の工事が行われる。さらに、木工寮は、供神雑物等の製作を行い、造営工事において予算を作成し、必要な労働力や資材の見積を立てるといった役割も担う。

次に、両組織の建築技術者の構成をみる。『延喜式』中務省・時服の条には、次のように記す。

木工寮
　大工一人。少工一人。長上十三人。将領十人。工部五十人。飛騨工三十七人。
修理職
　長上十人。将領廿二人。工部六十人。仕丁二百廿七人。飛騨工六十三人。

全ての建築技術者が記されるとは限らないものの、長上工の人数は木工寮のほうが多く、将領や飛騨工は修理職のほうが多い。また、修理職には多くの仕丁が属する。これは、木工寮よりも修理職のほうが、はるかに多くの財源が設定されており、それを反映したのかもしれない（『延喜式』木工寮・諸国所進雑物の条）。

ここで、これら建築技術者について説明を加えたい。

大　工：建築技術官僚の最高の官名であり、その次官が**少工**。大工は、地方の小国の国司相当の官位を有しており、大工の支配する労働力の規模は、小国の国司の労働力を越えていたとされる。

長上工：現場における常勤の技術的監督者で、番上工（前引した『延喜式』には記されないが、後述する）の指導・指揮をする。

番上工：地方から中央に派遣され、交替で一定期間勤務する建築技術者。本来は班田農民であったが、役所に勤務することにより、若干の給与と課役免除があった。

前述した役所に所属する建築技術者を総称して**司工**、また、役所に直接雇用された技術者を**雇工**という。さらに、単純労働者として、役所から強制的に雇用されて働く賃金労働者の**雇夫**、課役として労役に服する**仕丁**、この仕丁と同じ性格の**飛騨工**（後述する）がいる。これら労働を監督し、工事の進捗を促す事務系統の現場監督として**将領**《うながし》がいる。この他、八世紀後半、役所から独立した民間の建築技術者たちの小集団である**様工**《ようこう》がいる。様工は、自ら労働力等の見積を行う等、請負条件を役所に提示した上で、小規模な工事を請負ったとされる。

2　造　寺　司

前述したように、八世紀における木工寮の役割は、建築技術者のストックとされる。そのため、実際に造営工事を行うのは、令外の官であるところの、例えば寺院造営ならば造寺司がある。造寺司の始まりとしては、『日本書記』推古四年（五九六）条にある、法興寺の寺司がある。そして、八世紀になると多くの造寺司が設けられるが、その中で最大規模のものが造東大寺司である。造東大寺司は、天平二十年（七四八）ごろから存在しており、木工寮を越える大組織である。そして、造営工事の継続により、臨時的性格から次第に永続的な正規の組織へと変化する。その生産力は強力であり、天平宝字四年（七六〇）の法華寺金堂を筆頭に、石山寺・阿弥陀浄土院等の造営も担当する。長官・次官・判官・主典の四等官の下に、事務官として史生・舎人等があり、別当・案主・将領の任に就く。また、技官として大工・少工・長上工・番上工があり、雇工等を率いる。この造東大

図4　東大寺金堂（1705年）

寺司に所属する下部組織は「所」と呼ばれ、東大寺の営繕を担当する木工所・造瓦所等や、東大寺以外の場所、いわゆる出先機関としての「所」に区分できる。後者は、甲賀山作所等の材料調達機関や、造石山寺所等の他寺の営繕に分けることができる。

3　飛騨工

『今昔物語』巻二四に、絵師百済川成と技比べをした「飛騨ノ工」の説話等があるように、飛騨工＝名工という説が古くから巷に残っている。また、『万葉集』巻第十一には、黙々と引く墨縄の線のように、一筋に思う恋心を歌った、

かにかくに　物は思はじ　飛騨人の　打つ墨縄の
ただ一道に

があり、飛騨工を題材とした歌が収録される。

この飛騨工という語の文献上の初見は、前に引いた

天平十七年（七四五）の「木工寮解」であり、語が使用される下限は、九世紀中期ごろである。また、律令国家の基本法典である『大宝律令』（『令集解』による）には、次のように記す。

凡ソ斐陀国ハ。庸調倶ニ免ゼヨ。里ゴトニ匠丁十人ヲ點ゼヨ。四丁ゴトニ廝丁一人ヲ給ヘ。一年ニ一タビ替ヘヨ。餘ノ丁ハ米ヲ輸シ。匠丁ノ食ニアテヨ。

飛騨国は、庸・調を免じられ、代わりに、一里から十人の匠丁（木工）を一年交替で出し、米を輸納させて匠丁の食にあてる。また、五人で一組の生活単位とし、一人は廝丁《かしわど》と呼ばれる炊事係で、他の四人の食事の労をとる。

前述したような庸・調が免じられた背景として、飛騨国が山国のため良材に恵まれ、製材・木工などの技術者が育てられていたことも要因であろうが、飛騨国が産物に乏しく、庸・調の貢進があまり望めなかったからとも考えられる。

また、前に引いた『延喜式』の木工寮と修理職に属する飛騨工の合計が百人であることから、飛騨工の定員は、百人とも考えられるが、工事が少ない時は六十人、多いときは百三十人であった可能性が指摘されている。

ところで、平安遷都ごろを境として、飛騨工の逃亡に関する禁令がしばしば出されるようになる。その逃亡理由について、弘仁十年（八一九）の「修理職言上」は次のように記す（『類聚国史』）。

匠丁百三十人内。廝丁五人を充つる。工長の外。悉く役に従うを以て。一歳の内摠計が三百三十三日以上三百五十日以下すなわち満役と為す。（中略）人　木石に非ず。何の暇有りてか堪ふることあらん。

前述した『大宝律令』に従えば、匠丁が百三十人の場合、実役を免除された廝丁は二十六人（五人ごとに一人の廝丁のため）であるのに対し、この時期は廝丁がたったの五人である。しかも、飛騨工は、労働日数が年間三百三十三〜三百五十日でないと満役とならない。まさに、飛騨工に休暇を与えずに「木石」のように扱っており、劣悪な労働環境であったことがわかる。

以上のように、飛騨工は、奈良・平安時代において、劣悪な労働条件下で酷使されていた下級木工労働者ではあった。が、実在する木工の中で、飛騨工もしくは飛騨工に関係することが推測可能な有能な木工として、石山寺造営に従事し、従八位上に進むなど官位を有した勾猪万呂《まがりのいまろ》のような木工もいたとされる。

4　古代の木工　その一

猪名部

古代の部民の一つであり、『日本書紀』雄略天皇紀には、前述した猪名部真根や、勅命により楼閣を造った（猪名部）闘鶏御田《つげのみた》が記される。しかし、これ以降、猪名部の造営活動に関する記事は、『日本書紀』に見出せない。そして、八世紀中期には、猪名部百世が木工寮長上工として東大寺関係の造

図5　唐招提寺金堂

営に関与し、従四位下、伊勢守兼東大寺須（領）掌使に任じられる。さらに、この時期の猪名部姓の木工として、造石山寺所の猪名部枚蟲、興福寺西金堂造仏所の猪名部多婆理があげられる。しかし、このころの猪名部は、前述したような特定の技術の世襲を義務づけられた集団の一員としてではなく、むしろ、その後裔として、建築技術官僚・建築技術者として活動したといえる。

5　古代の寺院　その二

唐招提寺金堂（宝亀年間：七七〇～七八一年か）

律令制の確立により、建築関係の行政組織は整備され、技術系官僚は「大工、少工、長上工、番匠工」で構成される。全国的な規模で大量の労働力が集められ、造営工事が行われる。唐招提寺金堂の造営は、造東大寺司が担当したとされる（大橋一章「唐招提寺の造営」）。

ところで、唐招提寺金堂の建築様式は、中国・唐の建築様式が、朝鮮半島を経ることなく直接我が国に入ったものである。そのため、様式上は法隆寺金堂と一線を画する。例えば、軒を支える組物は、法隆寺金堂が雲斗・雲肘木であるのに対し、唐招提寺金堂は三手先組物である。

三　律令制の弛緩

平安時代中期になると、調・庸の未納などにより、国家財政は疲弊し、木工寮・修理職の造営専門の役所としての機能は衰え、内裏や寺社等の造営を行うことが困難となる。そのため、造営工事をそれぞれ国ごとに割り当て、造営の責任を受領国司に負わせる方式がとられるようになる。ひとつの建築物を二ヵ国以上で分担する場合を「所課国」、一ヵ国単独で担当する場合を「造国」あるいは「功国」という。「造国」において、造営の功に対して受領国司に官職を与えることを「成功」、五位の位階に叙することを「栄爵」という。また、平安時代後期より知行国制の広まりとともに、造国として知行国を採用する「知行造国」が採用される。※註

「所課国」の早い例として、天慶元年（九三八）の大地震により壊れた宮城大垣の修理があり、修理職および五畿内と近江・美濃・丹波・播磨の計九ヵ国により分担される（『本朝世紀』）。また、「造国」の例としては、天徳四年（九六〇）の平安京遷都後はじめての内裏火災があり、その復興に木工

寮・修理職の他に西国二十七ヵ国が関与する（『扶桑略記』）。各国がおのおの一つの建物を担当するため造国。例えば、山城国が春興殿、周防国が貞観殿）。

この時期、それまで官工の職制であった「大工、少工、長上工、番上工」に代わって、新しく「大工、長、連」という木工の編成組織が現れる。「大工、少工、長上工、番上工」が、律令制にもとづく技術系官僚の官名であるのに対し、「大工、長、連」の大工は、官名とは無関係に、工事現場における労働組織の統率者を意味しており、大工と長は、工事ごとに設定される。

こうした編成組織の変化は、律令制の弛緩により、それまで諸国から送られてきた雇夫・仕丁が途絶したこと、また、木工の技術の伝承が、血縁関係や師弟関係を通して、私的な木工集団つまり工房内部において行われたことと関連する。

さらに、変化した要因の一つのとして、「工長」（もしくは「長」）の存在があげられる。「工長」は、前に引いた弘仁十年の「修理職言上」にも見出され、さらに遡り神亀二年（七二五）の年号を記す平城宮出土の木簡にも記される（『平城京発掘調査出土木簡概報』一八）。そのため、八・九世紀において、令や式に定められた職名ではないものの、飛騨工等を監督する技術系官僚と想定される。そして、十世紀末以降、長保元年（九九九）の小野宮邸造営に「大工、長、工部」（『小右記』）、長元十年（一〇三七）の九州観世音寺修理工事に「大工、長、連」（『平安遺文』五六九）と見出される。また、嘉承二年（一一〇七）に藤原宗忠が木工寮に椅子を作らせた際に、「工長一人絹三疋、連十余人各疋給」（『中右記』）とあり、賃金の差を考慮すると、工長が連の上位にあったといえる。さらに、長保元年に工長から木工長上に転任した事例（『類聚国史』）もある。以上のことから、指導的技術者である長上工と、一般雑工である番上工の中間に、「工長もしくは長」と呼ばれる職名が存在したといえる。

この「大工、長、連」は、十世紀末から十二世紀半ばにかけて実施され、建築工事における労働組織の階層秩序としての性質を持つ。また、寺社の工事において、大工や長は、寺社から給田等を与えられるなど日常の身分的組織でもあり、それにもとづいて、賃金や祝儀が支給される。

1　造寺所

令外の官である造寺司が廃止されて以降、各寺院に設けられた造営修理のための営繕機関。東大寺では、延暦八年（七八九）の造東大寺司の廃止後まもなく設置され、十一世紀の半ばごろまで活動する。造東大寺所は、造東大寺司に比べ規模は縮小され、四等官制による官吏の任命は無くなり、別当の下に知事僧をおく。知事僧は、国から任命され、時代によりその定員は変化し、その上席者を勾当知事・専当知事と呼ぶ。これら職員の他に、木工や下級職員により構成される。木工は、九世紀ごろは官工としての性格を備えていたが、十世紀末ごろになると僧侶身分となり、寺院工房に属する寺工へと変化する。

2　古代の木工　その二

三嶋々継

大和国添上郡佐保村（奈良市）出身。東大寺講堂の堂童子として奉仕し、弘仁二年（八一一）ごろに木工としての修行を始め、後に東大寺造寺所の長上工、弘仁十四年（八二三）に五位となる（『日本感霊録』『東大寺要録』）。天長四年（八二七）の大仏補強のための築山に関しての論争では、造寺所長上工として関与する。そして、承和元年（八三四）に「大工外従五位下三嶋公嶋継造船次官」（『続日本後紀』）とあることから、この時期、造船関係の役所の大工兼次官となる。さらに、同年八月には造船（遣唐）都匠となり阿波権掾を兼ね、承和三年（八三六）九月に修理遣唐船使次官となる。

つまり、三嶋々継は、童として東大寺に仕え、その後、匠の技を修得し、東大寺の営繕機関の技術責任者となり、位階を得、さらには、政府の造営関係役所の次官にまで昇りつめた稀有な木工といえる。

3　古代の寺院　その三

勝光明院：現存せず

鳥羽上皇の御願寺で、上皇の意向により、平等院鳳凰堂を模して建てられる（長承三年〈一一三四〉

図6　大仏背後の築山（伊藤延男案）
大仏破損の進行を止めるための論争に際し、三嶋は長上工として大規模補強説（大山を築く）に加担する。

図7　平等院鳳凰堂（1053年）

〜保延二年〈一一三六〉）。この時期、木工寮が単独で造営工事を行うことが困難であり、工事を国ごとに割り当てる「所課国」や「造国」が行われ、勝光明院の御堂は伊予国が造国にあたった。この工事では、木工は大夫大工季貞（おそらく木工寮等に所属）である。季貞は、指図（図面のこと）を持参し、上皇や、工事の奉行である源師時等と、打ち合わせを行いながら工事を進める。御堂の竣工後一年を経た時点で、上皇の意向により、二階部分を七寸（約二三センチ）切り縮めた逸話がある（小林文次「鳥羽殿勝光明院について」）。

※註　戦前よりほぼ定説化している竹内理三の「造国・所課国」という造営方式による分類に対し、最近、上島享は、工事の経費調達方法から「国宛・成功」という分類を提起する（『日本中世社会の形成と王権』名古屋大学出版会）。諸国が造営工事を請け負うのが国宛（前述した天慶元年および天徳四年の両工事とも、上島説では国宛となる）、受領国司が私費で行う造営工事等を成功とする。国宛では、造営経費にあてる一国平均役といった臨時の税を国内に課すことが出来るのに対し、成功では課すことが出来ない。また、成功の展開・変質したものを造国制（済物が免除されて、一国の経費を造営にあてる。竹内はこれを知行造国と呼ぶ）とし、十二世紀中葉に確立したとする。

第二章　中世の造営組織

中世では、修理職や木工寮が依然として存在するものの、その官司としての活動は十四世紀で終了する。また、室町幕府の作事組織は、十五世紀の三十年代ごろには形成されていたが、将軍御所等の造営を中心に、内裏や洛中・洛外の主要寺社を管轄するのみである。さらに、古代における造寺機関であった造寺司を縮小した造寺所があるものの、造寺所の工房は小人数の木工で構成されるにすぎない。

ところで、十二世紀末期から盛んとなる大寺院の造営、例えば東大寺再建や東寺諸堂修理に、「寺院知行国」が採用される。この「寺院知行国」は、勧進僧に国務権を与えて一国を知行させ、それをもとに造営を行うものである。「造国」との違いは、その主体者が受領国司ではなく、勧進僧という点にある。後述する東大寺では、重源が大勧進となり、周防・備前両国を知行国とし、東大寺内に勧進所を設置して造営活動の拠点とする。

そして、十三世紀中期になると、造営費に関銭や棟別銭を充てることが始まる。この十三世紀から十四世紀中期にかけて、律宗教団を中心とする勧進僧、つまり外部の僧侶によって寺社の工事が請け負われる。他方、十四世紀中期ごろより、寺社内部の僧侶や神官によって、自前の造営組織が編成され、前述した造営費や造営料所をもとに工事が行われる。その造営組織は、僧侶や神官等によって構成される工事管理組織と、それに支配される木工の組織からなる。まず、比較的、記録等が多く残る寺社の工事管理組織を概観する。

一　主な寺社における工事管理組織

顕教寺院である興福寺や法隆寺では、寺内の律院（興福寺が唐院・新坊、法隆寺が北室）が造営活動を担う。その開始した時期は、興福寺が十四世紀中期、法隆寺が十四世紀前期である。また、興福寺の律院僧が作事奉行となり、十四世紀中期以降、春日大社の造営活動も行う。そして、興福寺では、十五世紀末においても寺内の律院が活動するのに対し、法隆寺では、十五世紀に入ると奉行僧や修理奉行といった役職が見出され、それら役職に就いた僧侶が中心となって造営工事が行われる。

密教寺院である東寺や高野山では、それぞれの寺院に属した僧侶による集会組織が造営活動の中心を担う。こうした造営に関する集会組織を東寺では造営方と呼び、十四世紀後期よりその活発な活動が確認できる。他方、高野山では、造営方等の造営組織を表す名称は見出せないものの、奉行という役職が十四世紀初頭に見出せ、それら奉行衆により造営に関する集会評定が行われる。

神社では、伊勢神宮において、十一世紀末より作所（後述する）と呼ばれる造営組織の活動が確認できる。工事に精通した一〜二名の神官が作所奉行に任命され、それを補佐する小作所も神官である。ところで、十五世紀中期から十六世紀中期にかけて式年遷宮が中断するが、その時期に十穀聖が活動する。この十穀聖は、主に資金面を担当するのみであり、工事の主体は作所とその配下の木工組織が担う。また、石清水八幡宮や祇園社でも作所の活動が十三世紀末ごろより確認できる。そして、十五世紀前半期から、賀茂御祖神社・石清水八幡宮・北野天満宮等において、神官等を構成員とする造営方の活動が始まる。前述した東寺の造営組織・造営方と同じ名称である。

以上の寺社における造営組織の活動内容は、ほぼ共通し、大きく次の三つに分けられる。

（ⅰ）造営財源の確保：造営料所（工事費用の財源となる荘園等）や関銭等の管理。

（ⅱ）現場管理：木工や人足等の手配および賃金等の支給。木材の調達および支給。

（ⅲ）会計検査：算用状（工事費用の収支決算書）の作成等。

ところで、中世前期における象徴的な大規模工事として、東大寺の再建と禅宗寺院の創建があげられる。両者には、それぞれ大陸から伝えられた新しい宋様式の建築が採用される。東大寺が大仏様《だいぶつよう》、禅宗寺院が禅宗様《ぜんしゅうよう》である。次に、東大寺と禅宗寺院の造営組織の変遷と、その特色について述べる。

図８　東大寺南大門（1199年）大仏様建築

1　東大寺

十一世紀中ごろ、造営事業の中心は、造東大寺司を縮小したとされる造寺所から、寺内造営組織である修理所へと移る。修理所は、修理目代を中心に、木工方・瓦工方等の各目代僧で構成され、その下に木工・瓦工等の組織がある。

治承四年（一一八〇）の平重衡による焼討の翌年、重源が大勧進職に就任し、修理所の機能とその組織の一部を継承した勧進所が設置される。勧進所は、寺院内部の大部分の工事を行うのに対し、修理所は築垣・大門の修理等を行うのみである。そして、十三世紀中期には、寺内の戒壇院配下の律院である油倉が勧進所を吸収し、以後、十五世紀後期にかけて油倉が造営組織として活動する。

ところで、鎌倉再建工事が山場を越えつつあった

図9　正福寺地蔵堂（1407年）禅宗様建築

十三世紀初期に、木工の座（本座・新座）がつくられ、十三世紀末には大工職が成立する。そして、本座・新座の一﨟あるいは統率者が、大工職を得る（座や大工職については後述する）。この大工職に任命されるには、補任状（任命書）の発給が必要とされ、勧進所ならびに政所から木工へ補任状が発給される。そして、南北朝時代以降、木工座大工職の補任権は、勧進所・政所から、大勧進を兼帯した戒壇院方丈へと移動し、木工座は戒壇院の支配を受けるようになる。

2　禅宗寺院

鎌倉時代に創建されたため、古代の官営工房である造寺所や、その系譜上にたつ修理所は存在しない。代わりに、造営方と呼ばれる造営組織が存在し、伽藍の創建・再建工事および塔頭の工事等に関与する。

この造営方は、造営専門の役僧・修造司《しゆぞうす》を中心に構成され、史料上では十四世紀中期よりその活動が確認できる。

ところで、五山十刹では、住持以下の僧侶の交流が活発である。その影響であろうか、五山寺院の造営方の間で建築資材の貸借が行われ、有力な木工が複数の五山寺院およびその塔頭の大工職を所持する。例えば、相国寺蔭凉軒の木工は、南禅寺・天龍寺・相国寺と、その諸塔頭の大工職を所持したとされる（『蔭凉軒日録』文明十七年四月二十三日条）。

他方、禅宗寺院では、有力僧が評議等により造営奉行に選ばれ、造営工事に関与する。この造営奉行は、工事に際して任命される修造司や、日常の伽藍整備や什物の補充を行う役僧・直歳等を束ねる役割を果たし、造営方内部で中心的役割を果たしたと推測される。なお、こうした造営工事に精通した禅僧が、十五世紀前半期には、禅宗寺院以外の寺社の造営工事にも関与するが、その場合は、主として工事における資金面を担当する。

3　作　所

中世において、寺社等が自前の造営組織を編成する以前、もしくは、自前の造営組織を持たない場合、木工寮や修理職に代わって、造営工事を担当する組織として作所がある。ただし、作所という名称自体は、奈良時代の寺院の造営などにも見られるため、古代と中世の作所は区別する必要がある。

中世において作所は、前述した石清水八幡宮や祇園社の他に、賀茂別雷神社、東寺、法性寺、上皇院庁等でも確認できる。ここでは、伊勢神宮と東寺を例に、中世における作所の性格の一端について述べる。

伊勢神宮では、作所は、令外官として設置された造宮使の下部組織であり、その活動は十一世紀末から確認できる。他方、造宮使あるいはその目代によって管理された、造宮所と呼ばれる造営組織もある。造宮所は、政府との関係が強固な正式機関であるのに対し、現地において実際に工事を担当する非公式機関が作所である（稲垣栄三「古代・中世における神宮の式年遷宮」）。そして、作所は、江戸時代末まで活動を続ける。おそらく、古代から連綿と続く式年遷宮の前例遵守の伝統により、工事の実施機関としての変更を加える必要性が乏しかったため、存続したのであろう。

図 10　東寺五重塔（1643 年）

東寺では、十三世紀後半より律院僧が大勧進となり造営工事に関与するが、この大勧進により作所が創設され、修理所の下に位置づけられたと推定される。そして、建武元年（一三三四）

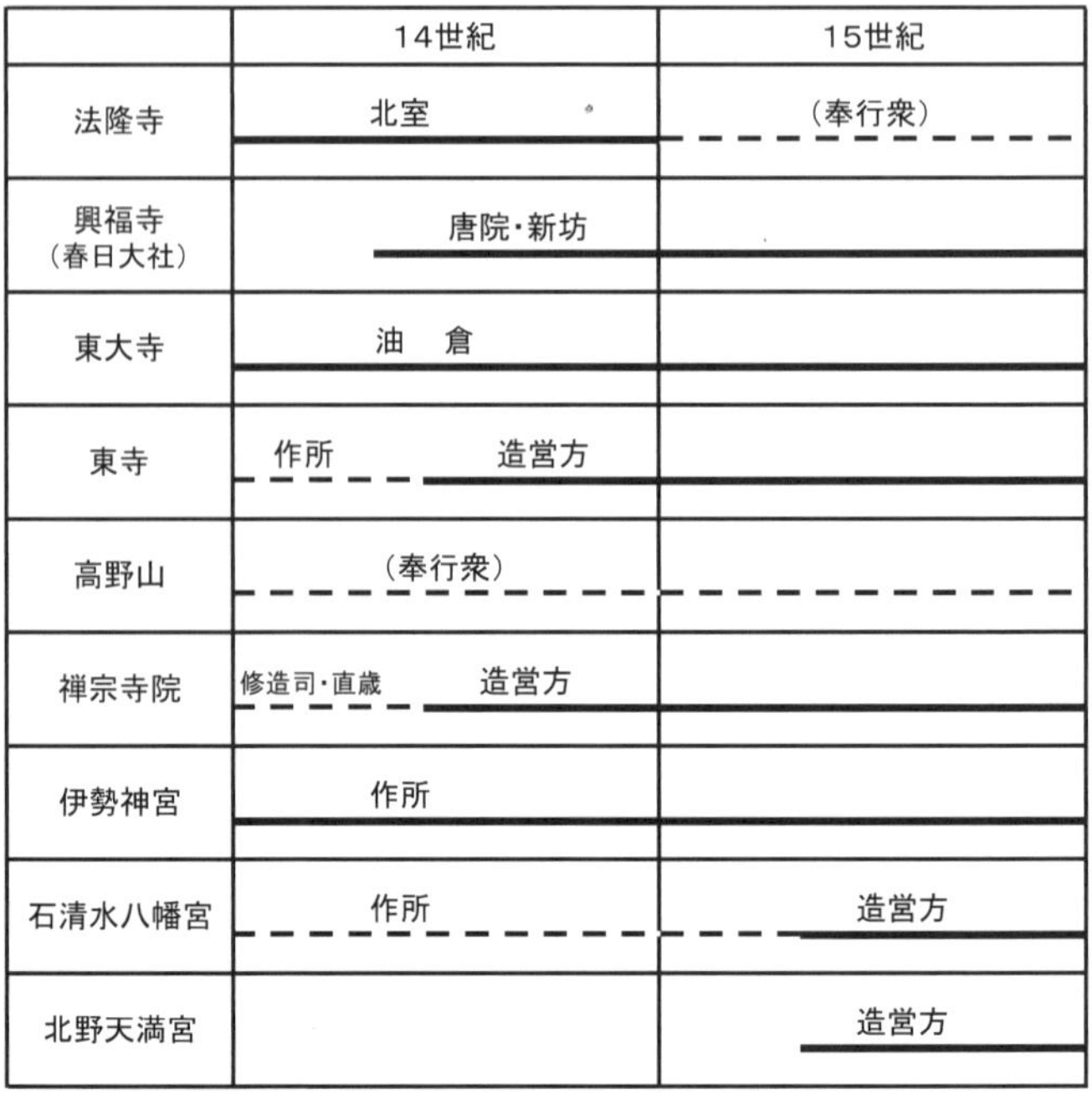

複数の組織が並立する場合は、主となる組織名を記す

図11　寺社内部における工事管理組織の変遷
（14・15世紀を中心に）

の五重塔供養会では、大勧進が工事等に関する打ち合わせを、代官僧を介して寺家側と行っており、東寺作所は、大勧進とその配下の僧（代官僧）を主要構成員として活動したといえる。さらに、造営方成立後は、大勧進の集めた奉加銭や、大勧進の沙汰した費用等が「造営方算用状」等に一括して計上されており、造営費用の内訳をみる限り、大勧進・作所は造営方の支配下に組み込まれたと考えられる。

　以上の工事管理組織をまとめたのが、図11である。

二　木工の組織

十世紀末から十二世紀半ばにかけて採用された木工の編成組織「大工、長、連」は、日常の身分的な制度であるとともに、工事にあたっての組織である。これに対して、新しく「引頭」が加わった「大工、引頭、長、連」が、十二世紀半ばから十五世紀にかけて採用される。「大工、引頭、長、連」が始まった当初は、引頭と長の間に明確な区別はなかったとされる。この「大工、引頭、長、連」は、工事現場ごとに臨時的に編成され、この階層組織にもとづいて賃金や祝儀が支給される。そのため、「大工」「引頭」を担う木工が入れ替わることもありうる。この組織は、大工と引頭（もしくは長）といった有力木工層と、それぞれの有力木工に統率された小木工集団による臨時の結合体といえる。また、小木工集団は、家父長を中心とする家族労働を主体としており、それに若干の隷属労働力を加える。

しかし、大工の固定化にともない、「大工、引頭、長、連」は、次第に日常的な階級組織に移行する。そして、引頭・長・連が大工の血縁者によって包括され始めると、この組織編成そのものが名目化し、単なる儀式や賜禄時の組織となる。

1　座

座は、朝廷・貴族・寺社・武家の保護を受け、顧客や仕事場を確保するための独占権を得た、商工業者等の同業者団体である。特に建築工匠の座は、鍛冶が十二世紀初期、木工が十三世紀初期より史料上確認できる。そして、木工の座は、南都では東大寺・興福寺・春日大社において顕著な活動が見出せるが、山城では法成寺・祇園社・石清水八幡宮にしかその活動は見出せない。

座は、寺社等の建築工事へ優先的に参加できるだけでなく、座の上位者には、課役免除の特典が与えられる。そして、座の内部は、入座してからの経過年数、すなわち年臈を基準にした年功序列であり、座に加わるのも座構成員の子弟に限られる。ところが、十五世紀以降になると、神社の工事への奉仕等を通じて、座の構成員の中から特定身分が生まれ、報酬や役目を特定身分たちの間で決める等、木工の自治的組織へと変化する。

2　大工職

木工が、本所の朝廷・寺社等において、工事を請負うための独占的権利が大工職《だいくしき》である。大工職は、十三世紀後期に成立する。本来、本所とは関係を持たなかった木工が、本所との関係を確立・強化しようとした要求等により成立したとされる。その対象物として、特定地域内の建築物、または、特定の建築物があげられ、所有形態として、座が持つ場合・二人または複数の木工が持つ場合・木工個人が持つ場合がある。そして、大工職に任命されるには、本所に補任料を支払い、後に補任状の交付を受けることが原則である。

しかし、応仁の乱以降、木工は、大工職を譲渡可能な物権とみなし、一度任命されれば、その権利は永代のものと考え、子孫への譲与や、他人への売却・質入れを行った。その結果、それにともなう大工職相論も頻発した。そのため、十六世紀初期、室町幕府は大工職を撤廃して寺社の自由雇用権を認める方針を法令化し、さらに、豊臣政権は大工職撤廃令を出した。しかし、伊勢神宮や北野天満宮など一部の寺社に大工職は残存する（Ⅱ—第一～四章参照）。

3　棟　梁

屋根の主要材である棟木と梁の意味が転じて、建築関係の職人の中の指導的な立場にある人物を指すようになったのであろうか。古くは、『日本書記』景行天皇五一年八月条に「この日に武内宿祢に命じて、棟梁之臣とされた」とあることから、一国の重臣を指したようであり、また、源頼朝を「武家之棟梁」と呼ぶなど幕府の最高統率者の呼称でもあったといえる。

棟梁の語が、建築関係の職人に対して使われるのは十四世紀末からで、十五世紀ごろより「大工、引頭、長、連」が行われなくなる。そして、十六世紀前期にかけて、寺社の棟札や造営記録等に棟梁が多く見出せる。

この時期の棟梁の用例について、大河直躬は次のように指摘する。

（1）建築工事において、大工につぐ指導的な地位を示す。

（2）座その他の木工の組織で、大工や権大工の次にあたる地位を示す。

（3）大工と並んで、それに匹敵するような指導的地位を占める。

（4）大工のかわりに、工事の最高指導者となる。

（1）と（2）は、十四世紀末から十六世紀前半にかけて見出される。（3）は、十六世紀後半から見出され、地方の寺社等において、大工職を所有する地元木工の指導者を大工、遠方から呼ばれた木工の指導者を棟梁とする例がある。（4）は、十六世紀の終わりに見出され、十七世紀初頭の慶長年間から一般化する。

このように、最初は大工の次が棟梁、そして、大工と棟梁が並び、最後には、大工という地位名称がなくなり、棟梁が工事の最高指導者となる。この変化にともない、現在の大工の職種を示す名称が、番匠から大工へと変化する。つまり、大工は、地位を表す名称から、職種を表す名称へと変化したといえる。

三　中世における行政組織

1　木工寮と修理職

中世における修理職と木工寮の活動について、桜井英治は次のように述べる。

修理職は、鎌倉時代に入ると、それまでの四等官制（大夫〈頭〉―亮〈助〉―進〈允〉―属）から、同時代の他の役所と同様に、実務の代表者である年預が現れ、大夫―年預制へと変化する。もっとも、修理職長官である修理大夫は、十三世紀前半まで実務に関与したとされる。

そして、南北朝時代では、修理大夫が官途化して武家に売り渡されたため、修理職領である丹波国山国荘を木工頭が知行するようになる。その結果、木工頭が修理職を、木工寮年預が木工寮を管轄するようになる。

さらに、十四世紀末から十五世紀初頭にかけて、山国荘が修理職領から禁裏御料所へと転換されるにともない、公卿から選ばれた山国奉行により管理されるようになる。そして、役所としての実態を失ったとされる十四世紀末に、修理職は、洛中における木工の支配権を喪失する。以後、職・寮工としての木工の活動は見出せなくなり、内裏も、後述するように、特定の職人が独占する私的な職場へと転化する。

一方、木工寮は、前述したように、一時、木工頭が修理職を管理するものの、中世後期には、儀式用具の調進に専従し、内裏の工事には関与しなくなる。

2　室町幕府

室町幕府の木工組織は、御大工・棟梁・番匠に分かれる。

御大工は、暦応元年（一三三八）の石清水八幡宮工事において「将軍家御大工」とあることから（『石清水八幡宮記録』）、幕府草創期から存在したといえる。また、二代将軍義詮の新邸造営に際し「禅大工」（『師守記』）とあるが、このころ、禅宗寺院の造営工事が多く行われており、それら工事に関係した木工と推測される。さらに、十五世紀前半の永享七年（一四三五）伏見宮御所の工事に、「公方御大工奈良番匠」（『看聞御記』）とある等、奈良番匠が幕府関係の造営工事で活躍する。つまり、朝廷や寺社のように、代々受け継いできた木工を登用するのではなく、木工の技能をもとに登用が行われたと推測される。

そして、応仁の乱後の文明六年（一四七四）に、初めて棟梁が見出される。この時期、将軍足利義政と御大工・棟梁は非常に密接な関係であったとされる。例えば、文明十一年八月に同朋衆が公方番匠棟梁を打擲したため、その同朋衆は将軍から自害を命じられる程である（『晴富宿祢記』）。

ところで、この御大工は、幕府草創期は大工職に近いものであったが、後に、幕府に仕える木工の指導者という官職の性格を持つようになる。その時期は、修理職・木工寮が役所としての実態を失った十四世紀末ごろとされる。その職務内容として、大工職相論などの際に調停者的役割を果たす点や、工事費用の適正見積価格の算定を行う点等があげられる。

なお、室町幕府の御大工や棟梁の職名は、こののち、江戸幕府や諸藩の作事方等の木工に対しても広く使用される。

3　公家住宅の造営

平安時代後期から鎌倉時代にかけて、摂関家や院の家政機関には、それぞれ修理所があるものの、木製調度の製作を担当していた。そのため、公家住宅の造営には、木工寮や修理職等に属する木工が派遣される。例えば、嘉禄二年（一二二六）の藤原定家邸の造営は、寮・職工らによって行われる（『明月記』）。

ところが、こうした寮・職工の勢力は、鎌倉時代後期になると衰え、十三世紀末では寮・職工は合わせても十人弱となる。そして、有力寺社内部の造営組織（修理所・作所など）に所属する木工の人数は増え、百人以上の木工が所属する寺社が現れる（上賀茂・下鴨社あわせて百六十一人、法成寺百八十人余、建仁寺七、八十人）。他方、これら以外の寺社や公家には、一人ないしは数人の木工が属するのみである（「修理職官等申状」『鎌倉遺文』一九一八二）。

こうした公家住宅において、大工職が成立するのは、南北朝時代とされる。貞治六年（一三六七）近衛家において、侍所で使用する品物を、旧例では内匠寮の木工が担当するのに対し、この度は「本所番匠大工」が担当したとある（『愚管記』）。また、永和五年（一三七九）に、賀茂社の木工が「一条高倉番匠」と呼ばれており、寺社所属の木工が公家住宅の大工職を所持したといえる（『後愚昧記』）。

ところで、近衛家では、普請を行うための木工を召し抱えており、御大工給田を設定する。その大工職を所持した木工家が神森氏である。神森巻子文書には、康永三年（一三四四）の年号を有する文書があるとされ（永井規男「室町期の大工神森氏の史料」）、これが偽文書でなければ、神森氏の活動は十四世紀中期まで遡り、前述した「本所番匠大工」に該当するかもしれない。また、神森氏の中で、実在が確認できる木工に神森武継がおり、長享元年（一四八七）に近衛家の御大工となり、天文八年（一五三九）にはまだ存命であったとされる（永井前掲論文）。そして、この神森武継の弟と伝えられる木工が、後述する木子近江守宗康である（Ⅱ―第四・五章参照）。

なお、摂関家である近衛家では、前述したように御大工給田を設定して木工を召し仕うことが出来るものの、中小貴族である三条西家等では、幕府や寺社に属した木工等を賃金労働者として使用する（永井規男「実隆公記に現れた貴族住宅の作事」）。

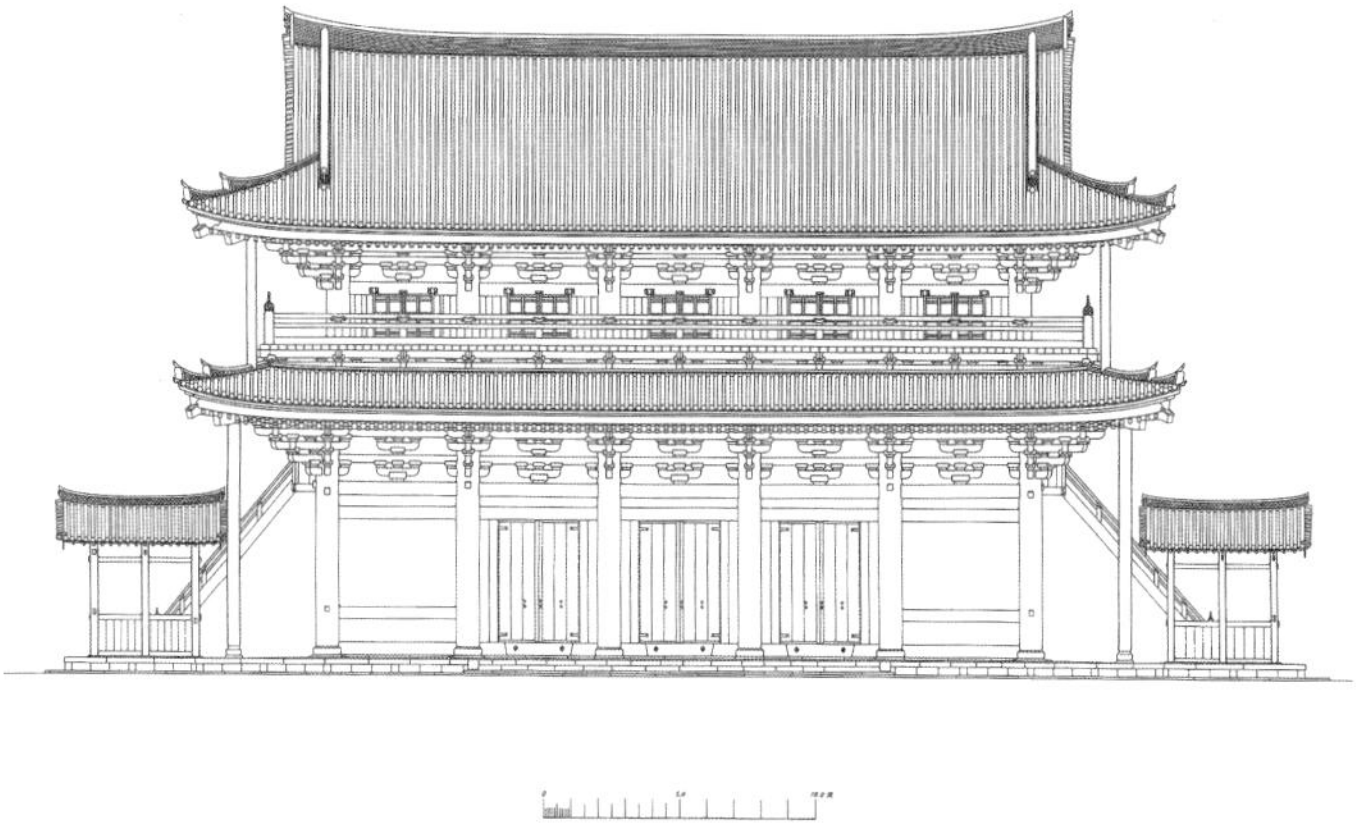

図12　東福寺三門（1405年）
挿肘木で軒を支え、柱に貫を縦横に挿入する等、大仏様の手法を用いる。

4　中世の寺院

東福寺三門（応永三十二年〈一四二五〉か）

東大寺鎌倉再建では、物部為里・桜島国宗が大工を勤め、これら木工等が核となり新しい建築様式・大仏様が作り出される。

そして、この物部為里の一族とされる物部為国が、創建東福寺仏殿の大工を勤める。現存する室町時代再建の東福寺三門に、大仏様の構造が見られることから、創建時の仏殿や三門においても、大仏様が採用された可能性が指摘される（太田博太郎「五山の建築」）。

ところで、東福寺は、九条道家により発願された寺院で、当初は、台・密・禅の三宗が併置される。しかし、十三世紀後半より、円爾弁円が住持に就任する等、禅宗寺院としての性格が明確化し、禅宗様が採用される。この禅宗様に通じた木工等（末広—定吉—定国—広定…弘光—□□—弘友—弘長）により十三世紀末から十五世紀前半にかけて、東福寺の大工職が継承される（永井規男「創成期の東福寺とその大工たち」）。

5　中世における建築現場の図

『石山寺縁起絵巻』（第一巻第三段：石山寺所蔵）鎌倉時代　図13参照

図中に多くの木工具が描かれており、その中の代表的なものについて説明する。

のこぎり（鋸）：木材加工に使用される鋸は、古墳時代から使用される。図には、歯部が湾曲して、頭部の尖った木葉形鋸が描かれる。この鋸は、丸太や角材を所定の長さに切断する横挽鋸（木材の繊

図13　中世の建築現場の図（『石山寺縁起絵巻』）

維を横断して切る）である。他方、縦挽鋸（木材の繊維に沿って切る）は、大鋸と呼ばれ、十四世紀中ごろに大陸から導入される。

のみ（鑿）：登呂遺跡出土の木片中に鑿の刃痕が検出される。木材の切断や、材面を平坦に削る場合に用いる。縦挽鋸の出現する以前は、木材を繊維方向に切断する場合、繊維に沿って楔を打ち込んで割るが、この図では、楔の代わりに鑿を使用。

ちょうな（手斧もしくは釿）：登呂遺跡出土の建築材

に遺された刃痕により、その存在が確認される。斧の一種で鍬に似た形状をしており、木材の表面加工や荒仕上に用いる。図では、手斧を片手で持ち、地上に腰を据える坐式。近世になると手斧は大型化し、立姿勢となり両手で手斧を操作する。

やりがんな（鑓鉋）：弥生時代中期ごろから使用される。柄に槍先のような刃を付け、長い柄を両手で握り、手前に引く、もしくは、押して削る。化粧材の仕上用の道具。台鉋の出現（十五世紀中ごろ）により、両者を区別するために「やりがんな」と呼ばれる。

さしがね（指矩）もしくは、かねじゃく（曲尺）：文献上では、十世紀前後に曲尺の語が見出される。古くは、曲尺には長短を測る尺度の目盛りは無く、少なくとも鎌倉時代には目盛りが刻まれていたとされる。曲尺は、L字形の物指で、長さを測り、直角を作り、材を工作するための墨付けを行う。長い方を、長枝あるいは長手（約五〇センチ）、短い方を短枝・横手・妻手（約二五センチ）と呼ぶ。長枝を手にして顔前にかかげ、短枝が右側にある状態のとき、その面を表といい、その表側に刻まれる目盛りを表目、逆に、短枝が左側にくる場合が裏で、そこの目盛りが裏目。

なお、十五世紀初頭、河内国光通寺の寺家大工が大工職を返還する際に、釿・鉋・鑿等の木工具を寺に納入している。そのため、中世後期においても、まだ木工具は数少ない貴重品であり、必ずしも木工の私有物でなかったといえる。

第三章　近世の造営組織

一　江戸幕府

中世において、有力な寺社や公家・武家のもとで木工は活躍したが、近世に入ると、大名のもとに多数の優秀な木工が集められ、築城そして城下町の建設に携わる。集められた木工の上層部の一部は、直接、幕府や藩の造営組織の中に組み込まれて、技術官僚となる。

ところで、江戸幕府には、建設工事を担当する役所として、下三奉行と呼ばれる作事方・小普請方・普請方の三役所がある。普請方は土木工事（石垣や土手等の普請）をおもに担当する。ここでは、作事方・小普請方について述べる。

1　作事方――寛永九年（一六三二）設置

江戸城や、幕府の諸建築・幕府ゆかりの社寺等、幕府直轄工事の設計から施工までを担当。また、

図14　江戸幕府作事方（享保期）（川村由紀子『江戸・日光の建築職人集団』をもとに一部改変して作成）

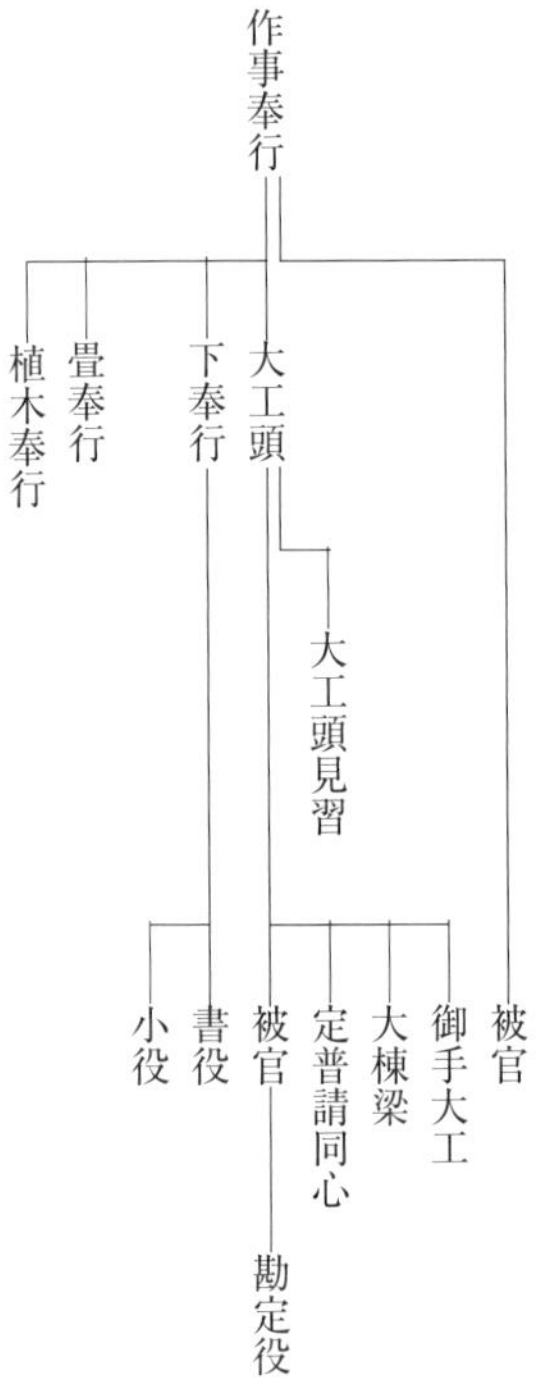

民家や社寺等を、新築・増改築する場合、図面等を提出させ、その内容を審査し、違反の有無の確認を行う等の許認可業務も行う（作事方は、組織の改編統合を繰り返しており、ここでは川村由紀子による享保期の職制をもとに述べる）。

作事奉行のもとに技術系と事務系に分かれ、技術系は主な職種として、大工頭・被官・大棟梁・御手大工がある（図14参照）。大工頭が工事責任者、被官が木工の動員・管理、大棟梁が工事監督で技術面の指導を行ったと考えられる。以下、大工頭・大棟梁・御手大工を世襲等した木工家について述べる。

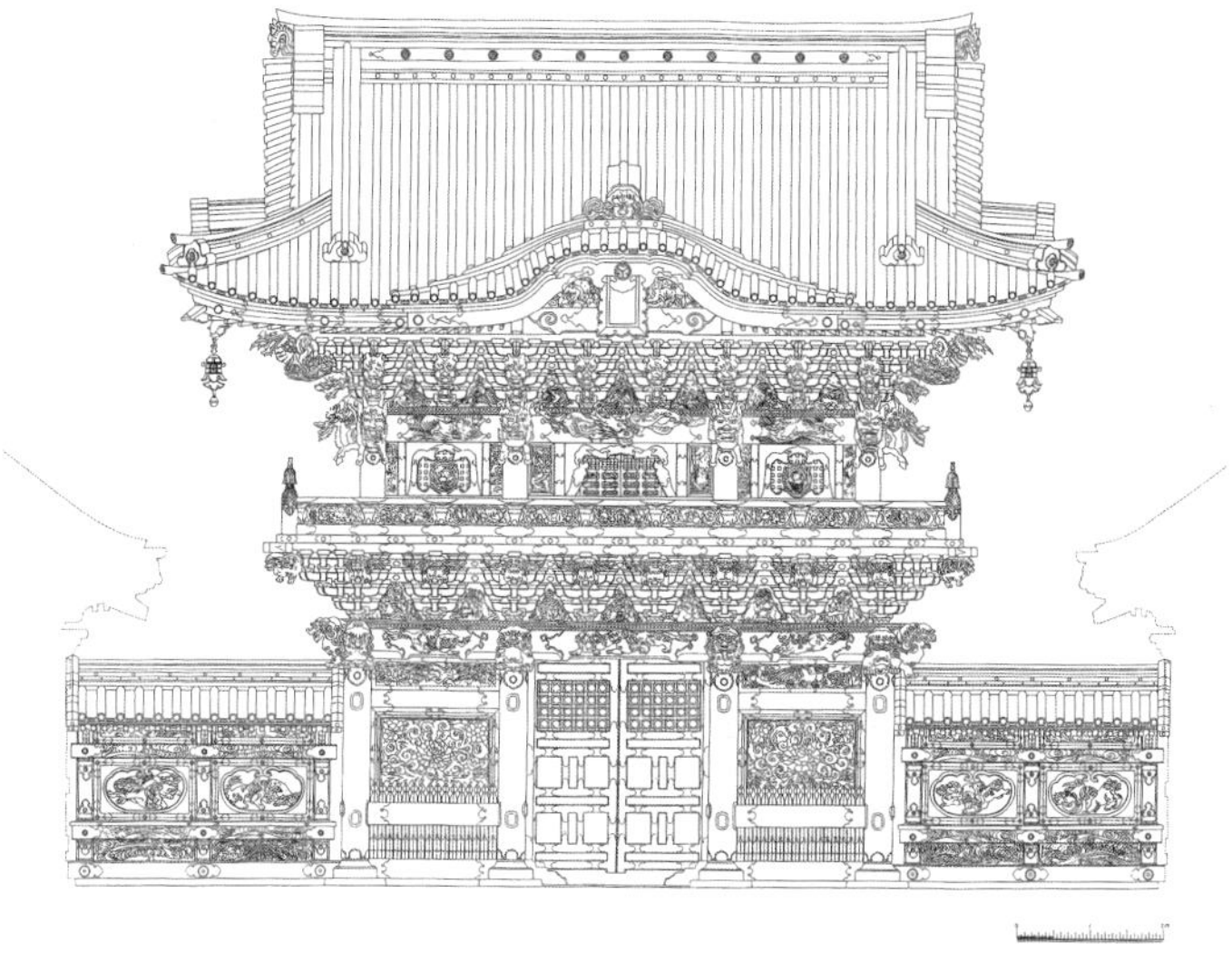

図 15　日光東照宮陽明門（1636 年）
『国宝東照宮陽明門』より転載。甲良宗広一門により造営される。

大工頭：鈴木・木原・片山・中井

前三者が、三河時代から徳川氏に仕え、江戸を中心に関八州等の作事を担当。中井は京都にて、五畿内・近江の六ヵ国の建築行政を管轄し、特に京大工頭と呼ばれる。

大棟梁：甲良・平内・鶴・辻内、天明二年（一七八二）に町棟梁の石丸を登用。

甲良は、近江出身で寛永度日光東照宮等を手がけ、建仁寺流を名乗る。鶴は、紀州根来出身で大崎八幡宮や瑞巌寺を手がけ、平内も紀州出身で台徳院霊廟等を手がけ、両氏とも四天王寺流を名乗り、特に平内は秘伝書『匠明』を著す。辻内は、近江出身で、大工頭木原の下で棟梁であったが、寛文三年（一六六三）の二条城修理の功績により大棟梁に昇格する。また、大棟梁の下

図16　大崎八幡宮（1607年）
御大工を梅村彦左衛門家次、棟梁を「左甚五郎」のモデルの一人とされる鶴刑部左衛門国次が勤める。

に五十人棟梁と呼ばれる町棟梁（町方に住む棟梁ではなく、作事方の大工棟梁の意）がおり、その中の石丸が前述したように大棟梁に登用される。

御手大工：寛文三年（一六六三）に町方の大工から二十人余が登用され、享保三年（一七一八）に作事奉行支配となる。なお、建築物の修理は大棟梁、将軍家の身の回りの日常的な小修理は御手大工が担当する。

京大工頭の組織

京大工頭中井の組織は、名称や組織構成が江戸と大きく異なる（図17参照）。配下は、大きく家中と棟梁衆に分かれ、さらに六ヵ国内に大工組と杣・木挽組を編成する。家中は、中井の家政面を担当し、公儀作事では経理を統括して勘定書の作成を行い、また、大工組頭に指示して職人の招集を行う。棟梁衆は、公儀作事において測量・設計図の作成・工事費の見積等を行い、現場では大工棟梁として木工を指揮する。元禄五年の大工支配は、次のとおりである。

棟梁衆

京棟梁：御扶持人棟梁（弁慶・池上・矢倉の三氏による世襲）

京十人棟梁・町棟梁（中世以来の由緒を持つ有力木工家や、社寺所属の木工家）

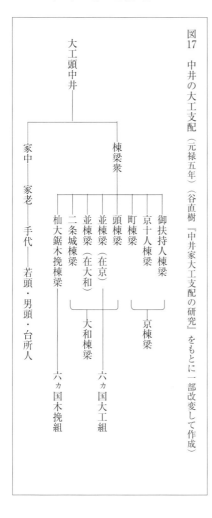

図17　中井の大工支配（元禄五年）（谷直樹『中井家大工支配の研究』をもとに一部改変して作成）

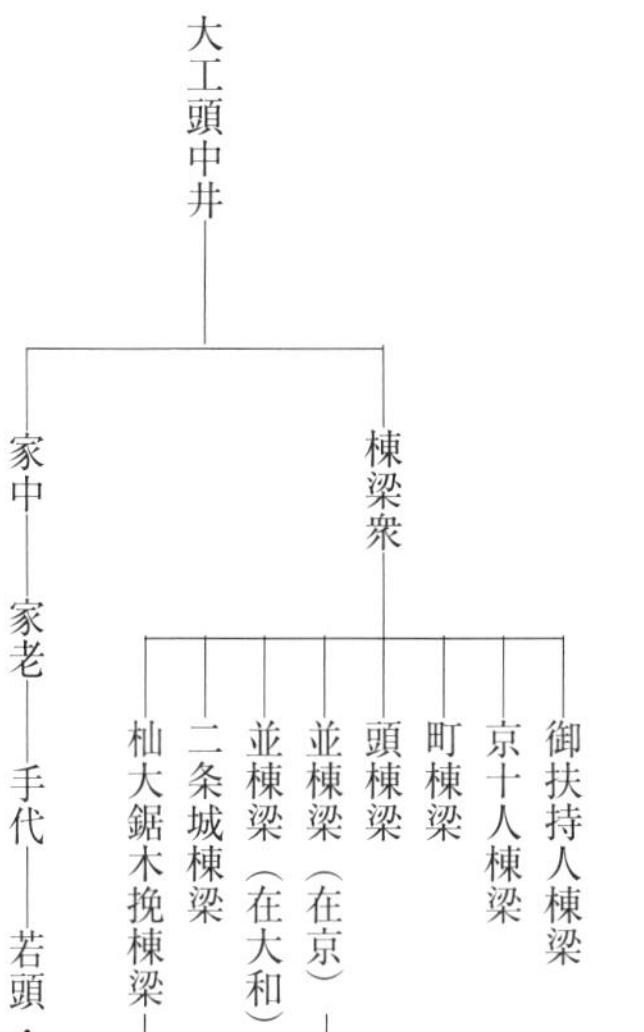

大和棟梁：頭棟梁（法隆寺村出身の有力な棟梁）
　並棟梁（法隆寺村を主体とした大和国出身五十人前後、在京と在大和に分かれる）
　　二条城棟梁
杣大鋸木挽棟梁

中井役所の成立

十七世紀後半、公儀作事は減少し、さらには、入札制度の普及も重なり、中井が行う直営工事が減少する。そのため、中井の財政は疲弊し、元禄六年（一六九三）以降、公費で運営されるようになり、京都所司代の下部機構の一つとして中井役所が成立する。その際に棟梁組織が変更され、御扶持人棟梁、頭棟梁、並棟梁、杣大鋸木挽棟梁となる。そして、中井は、公儀作事を統括するものの、施工は入札請負とされた。ただし、御所造営については、大量の木工等の参加が必要のため、中井が工事を直営し、配下の棟梁と六ヵ国の大工組を工事に動員する（谷直樹『中井家大工支配の研究』）。

2　小普請方

破損箇所の修理や、増改築などを担っていた破損奉行を前身として設置される。作事方が老中支配であるのに対し、小普請方は若年寄支配である。

小普請奉行という役職名が、十七世紀前期の寛永年間に見出され、十七世紀中期には小普請方と呼ばれ、作事方の元で工事を行う。しかし、明暦大火（一六五七）後の建築工事の激増により組織は整備され、寛文年間では、作事方と小普請方の担当工事が同等となり、十七世紀後期の貞享年間では作事方を凌駕するようになる。そして、正徳二年（一七一二）に一旦廃止されるが、将軍吉宗の緊急政策の強化もあり享保二年（一七一七）に復活する。翌享保三年に、作事方と小普請方の担当場所が規定され、作事方は、江戸城表向を主とし、寛永寺や各御門の修造、小普請方は、江戸城奥向を主とし、増上寺や御屋敷（田安、一橋等）の修造をする。

小普請方の職制は、小普請奉行のもとに小普請方と小普請方改役があり、小普請方の下に小普請方大工棟梁・大工棟梁・大工肝煎が続く。この小普請方には、当初専属の大工棟梁はなく、作事方大棟梁が順に交代で出向した。後に、専属の棟梁として、町方の大工から村松・柏木・溝口・大谷・依田・小林が登用される。なお、清水建設創始者の清水喜助も、小普請方棟梁であったとされる。

3　京大工頭中井正清について

中井の先祖は、大和国高市郡巨勢郷に住み、三輪大明神の神職をつとめる巨勢一族の末裔とされる。巨勢正範は、万歳氏に仕えたが戦死し、妻は子の正吉と正利をともなって法隆寺西里村に住み、法隆寺大工の中村氏に預けられ中井姓を名乗る。正吉はそこで大工技術を学び、天正十一年（一五八三）

秀吉の大坂城築城に際して法隆寺大工棟梁の一人として関わる等、豊臣家に仕える有能な木工であったとする説もある。この正吉の子が中井正清である。

慶長五年（一六〇〇）の関ヶ原の戦後、豊臣秀頼の援助をうけて行われた法隆寺の大修理で正清は大工棟梁をつとめる。その一方で、徳川家康より上方の大工支配をまかされる。慶長七年から慶長十年にかけて、二条城・伏見城・江戸城の工事に携わり、慶長十一年には、従五位下・大和守となり、正清の大工支配は五畿内・近江六ヵ国に及ぶ。そして、慶長十七年に従四位下にのぼり、大坂城の陣の前年には、城中に派遣されて秘密裏に城内の絵図を作成するなど、家康側近としても活躍する。さらに、家康没後は久能山・日光の両東照宮の造営を行う。

正清没後、二代正侶・三代正知は、江戸城本丸御殿を含めた関東一円の作事を手がけるものの、以後の中井は京を中心とした上方の工事に限定され、幕末へと至る。

4　五畿内近江六ヵ国における大工組

五畿内（山城・大和・摂津・河内・和泉）と近江に居住する木工は、都市・農村の区別なく、御用大工として中井に登録する義務を課せられていた。それにより居住地で営業することが認められ、他国からの木工の入り込みや、無登録の木工の活動を排したのである。木工は居住地の国・郡別に編成され、組頭を中心とする大工組に配属される。

大工組の成立は、慶長年間後半以降で、多くは元和・寛永期に確立するとされる。また、戦国大名が工事の際に組織した「組」の延長上に位置するとの指摘もある。寛永十八年（一六四一）の「和州平群之郡東林寺奉加帳」（「安田三朗家文書」）によると、六ヵ国における京大工頭中井配下の大工組は、大和国二十七組、山城国二十五組、摂津国七組、河内国四組、和泉国六組、近江国十一組となる。

大工組の編成形態は、国や地域により異なる。農村の大工組では、一組で数郡を支配する大工組や、一郡のみを支配する大工組、一郡内をさらに分割して支配する大工組に分かれる。都市の大工組では、京都のように、中世以来の系譜を有する京十人棟梁が指導的地位を占め、それらを核として京大工が組織されていったのに対し、大坂・堺では、地域別に大工組が配される。そのため、組ごとの木工数も幅があり、二百〜三百人から十数人の組まで存在し、木工数の多い大工組では、組頭のほかに年寄あるいは年行司と呼ばれる役を置く場合がある。組頭は、中井からの伝達事項を組内木工や他の大工組に伝える等しており、木工たちは組頭を通して中井に支配される。

ところで、これら木工の中で、農村に住み、田畑を所持していた木工たちは半農半工で、幕府より軍役や公儀作事に動員され、また、領主から年貢・夫役を課せられた。そのため、寛永十二年（一六三五）に幕府は、一般農民の負担する夫役の一部を、公用大工に限って免除する高役免除を承認する。これを大工高と呼び、木工が所有した田畑の石高を基準にして決める。この権利を所持するのが高持大工で、組頭や年寄の役職を独占し、大工高を原則世襲したが、後に質入・売買により、木工以外の農民が所持するなど形骸化する。

寛文八年（一六六八）幕府は中井に命じて、高持大工だけでなく、寛永十三年以降に新たに木工となった平大工（無高大工とも呼ばれ、高役が免除されない）も含め、木工の人数改を行った。これにより、高持大工の減少と平大工の増加が明確化し、その後も平大工の人数が増加し、組内の運営を円滑にするため、五人組の組織が作られる。そして、十八世紀になると六ヵ国の大工組数が大幅に増加する。農村部の大工組は、五人組を母体にして、組が分立して再編される。一方、都市部では、「京大工十組」が「京大工二十組」に再編され、大坂大工組は五組から二十九組へと大幅に再編される。

また、元禄期には、各地の大工組において、組内の運営や約束事を取り決めた定書が作成される。そこには、作事法度の遵守・公儀作事への参加・仕事場をめぐる取決め・組仲間の運用規定等が記される。そのため、木工の同業者組合としての性格が強くなったとされる。

このように、六ヵ国大工組は、当初は幕府の公儀作事等に動員するために組織されたものが、次第に変質し、木工の同業組合として機能するようになり、名称も「（大工）仲間」（次節を参照）を称するようになり、営業活動の確保、木工間の紛争防止、賃金協定等の機関の役を果たすようになる。

5　木工の仲間

仲間は、十七世紀前半に、木工の自治組織として出現し、十七世紀後半の木工数の急激な増加より、その存在が顕在化する。仲間は、一定数の成員による職場独占が目的であり、仲間外の新規業者の営業を排除するものである。仲間内は原則として平等で、株をつくり、株数を一定数に抑え、株は家職として相伝することができる。また、領主側は、城下町における木工等の職人の確保といった面から、仲間（内仲間）の存在を認める。

元禄十二年（一六九九）に、江戸の諸職人に対して「肝煎」が定められ、「大工方」として、作事方大棟梁の鶴・甲良・平内・辻内、小普請方大工棟梁の村松・小林・溝口・大谷・依田・柏木（土佐と周防）の計十一名が任命される。「肝煎」は、町方居住の職人に対する支配権を持ち、幕府は、この「肝煎」を通じて仲間そして木工の統制を図る。

一方、入札制の普及により、請負人のもとで職人が下職になるなど、親方層と手間取層といった階層分化が進み、親方層は領主権力と結びつくべく、幕府公認の株仲間（表仲間）が結成される。ところで、株仲間に加わるには、徒弟として、親方のもとで一定の修業期間を経る必要があるが、中には株を得ることができない者も現れ、また、その修業期間が、無期限となる者など、階層格差が生じてしまう。そのため、資本力のある親方が、こうした職人を雇い入れ、さらには、農村からの余剰労働力を加えて、企業体としての建設業者へと発展する。

そして、明治元年の商法司から発せられた「商法大意」により、江戸期から続いた株仲間は廃止される。

なお、仲間内の結束をはかるために、定期的に集会し、聖徳太子の画像を掛けて、飲食しながら賃金協定等を行う職業講として太子講がある。

6　在方集住大工について

木工は居住する場所により、町方大工（城下町・門前町・港町等に住む）や、村方大工に分けられる。ところが、こうした木工とは異なり、村方つまり農村部に集中して居住し、出稼ぎを行う木工を特に在方集住大工と呼んでいる。

この在方集住大工は、近世から近代にかけて日本各地で活動しており、主なものだけでも十九の存在が確認され（例えば、岩手県の気仙大工、長野県の木曽大工、山口県の大島大工〈長州大工〉等　図18参照）、その発生にもさまざまな要因があげられる（高橋恒夫『近世在方集住大工の研究』）。永井規男は、こうした集住大工の特色として、淡路島浦村と赤穂木津といった限定された地域の特殊例と断わりながら、木工としての国役を勤める義務がない点、中央の名門木工家との関係性を強調する点、建築主の要望に応えられるような、統率性と柔軟性を併せ持った運営組織である点、長期間の出稼ぎが可能である点等をあげる（永井規男「播磨と淡路の集住大工について」）。

図 18　近世在方集住大工の所在地
（高橋恒夫『近世在方集住大工の研究』中央公論美術出版 2010 年をもとに作成）

図19　匠明（小林本）（日本大学理工学部科学技術史料センター所蔵）

二　建築技術書

中世末から近世にかけて、現在六百以上の建築技術書が知られる。建築技術書は、その初期においては、秘伝書的性格を持っていたが、明暦元年（一六五五）の『新編雛型』等の木版本の出版により、秘伝的な建築技術の公開と大衆化がなされる。

また、天和元年（一六八一）ごろには、家相・儀式・絵様・積算等の内容を木割書に加味した建築百科全書のような性格の『愚子見記』が、京大工頭中井配下の棟梁平政隆により編纂される。そして、十八世紀初頭ごろには、作事方大棟梁であった甲良と平内において、それぞれ木割書『建仁寺派家伝書』全十四冊と、『匠明』全五巻が完成する。この時期は、前述したように小普請方の手がける工事量が作事方を凌駕しており、それに対抗する意味合いもあったのであろう。作事方大棟梁が、自らの木工家としての正当性や技術の体系化を図るため、木割書を作成したと考えられる。

江戸時代後期になると多くの雛型本が出版される。また、規矩が平内廷臣によって完成され、規矩術書が出版される。そして、嘉永四年（一八五一）に建築技術書の集大成ともいわれる『新選増補大匠雛形大全』が出版される。

ここでは、建築技術書を「木割書」「規矩術書《きくじゅつしょ》」「雛形本」に分けて説明する。

1　木割書

木割とは、伝統的な木造建築において、各部の比例と大きさを決めるシステムである。古くは、「木砕《きくだき》」とも言われ、木材の製材を目的としていたが、後に、建築物各部の部材寸法や部材間寸法等を、基準寸法を用いた比例関係の上で決定しようとした設計手法。最古の木割書として、『愚子見記』に所収された「三代巻」（十五世紀末）があり、これとほぼ同じ内容をもつ書が日本各地に残されており、それらを「日本番匠記系本」と総称する。また、木割書は、それを記した木工の流派や年代によって異なる。そして、体系化された木割書の代表として『匠明』があり、住宅・神社・仏堂・門・仏塔の木割が記される。この『匠明』は、慶長十三年（一六〇八）平内政信によって原本が記された後に加筆が施され、現在の『匠明』は、元禄十年（一六九七）～享保十二年（一七二七）に転写されたと推定される。

江戸時代中期以降、木割書が木版本で刊行されるようになり、木割が広く普及する。そして、こうした木割書等の影響により、木工たちの技術は向上し、一定水準以上の建築物を多く作り出すことを可能とした。しかし、建築物の軸組等の主要部が木割によって画一化されることにより、木工の関心は、建築物の細部意匠へと向かう。

2　規矩術書

規矩術は、曲尺によって、木造建築の構造上の納まりを実形で作り出す図式解法のことであり、和算と密接に関連しながら発達する。本来、屋根の勾配・軒の反りにともなう複雑な垂木の配置や、継手・仕口の墨付け等は、曲尺を用いて行う複雑な技術であり、理論よりも熟練することが求められる。それを計算によって求めるようになり、規矩術書が出版される。『大工雛形 秘伝書図解』享保十二年（一七二七）が古く、また、幕府作事方大棟梁の平内廷臣が、和算をもとに規矩術の理論をまとめ、『矩術要解』天保四年（一八三三）等を出版する。それら著述により、規矩の理論的内容は深まるものの、他方、木工たちにとっては難解であったとされ、記された数表の結果のみに頼るといった弊害が生じる。

3　雛形本

江戸時代中期以降、建築意匠の多様化に大きな影響を与えたのが雛形本である。最初期の雛形本として横河政重の『新編雛形』があり、その後『新編武家雛形』と『四十八棚十分一之地割』を加えた三部作が江戸日本橋の書店須原屋から刊行され、木版雛形本の基礎が築かれる。そして、『大工雛型』が元禄十二年（一六九九）実用的な小型横本形式、いわゆるポケットブック化して出版され、建築技術の普及に大きな役割を果たす。

雛形本は、はじめのころ、寺社建築の木割書等に見られるような秘伝書的な性格の強いものであったが、刊本となって次第に普及し大衆化する。住宅・神社等の建物種別ごとに記されるものや、住宅の室内意匠に関する座敷雛形（棚・建具・欄間等）や、寺社建築の文様・彫刻の絵柄を記した絵様雛形等がある。

4　近世の寺院　浄真寺――江戸近郊で活躍した上方の木工

東京都世田谷区の文化財調査の折に知り得た、上方の木工の仕事を紹介したい。

世田谷区奥沢の閑静な住宅地に、これから説明する浄真寺がある。浄真寺は、二十五菩薩来迎会（お面かぶり：東京都指定無形民俗文化財　三年ごとに菩薩の面をかぶった信者が、本堂と上品堂の間に架けられた臨時の橋の上を行道する行事・図20参照）が有名。また、本堂（宝暦九年〈一七五九〉）、三仏堂（上品堂・中品堂・下品堂　元禄十一年〈一六九八〉）、仁王門（寛政五年〈一七九三〉）等の建築物が整備された名刹である。

図 20　お面かぶり（撮影：塚原明生　世田谷区教育委員会提供）
上品堂と本堂に架けられた橋の上、やや後方に僧侶に続いて、菩薩の面をかぶった信者の行道する姿が見える。

図 21　浄真寺三仏堂：上品堂（1698 年）（撮影：三沢博昭　世田谷区教育委員会提供）
上方の木工が造営。

浄真寺は、延宝六年（一六七八）に創建され、開山珂碩上人が造立した九品仏および釈迦如来を安置するため、珂碩上人没後の元禄十年（一六九七）に、本格的な造営工事が始まる。この工事は、珂碩上人の弟子で浄真寺二世であり、また、当時、河内国安宿郡（大阪府柏原市）玉手山安福寺住職であった珂憶上人によって行われた。珂憶上人は、浄真寺三世林碩に書簡で、柱材等の木材の寸法や建築物各部の寸法等を細かく尋ね、それをもとに大坂で浄真寺の建設用木材を購入し、さらにその江戸までの輸送費も負担する。そして、安福寺に近い新堂村（富田林市）住の「上手名人」とされる木工六人の江戸派遣を行う。その派遣された木工の頭の名前が、三仏堂や旧本堂の棟札に「大工河内国石川郡新堂村五兵衛福吉」と記される。以下の記述は、吉田高子の論文（「新堂村大工五兵衛とその周辺」）に負うところが大きい。

棟札に記された河内国石川郡新堂村は、現在の大阪府富田林市若松であり、若松町三丁目あたりは大工町の旧称が通用するとされる。文政十一年（一八二八）の新堂村「明細帳」によると、大工組頭一人と木工二十三人が新堂村大工町に居住し、これら木工は農業との兼業とされる。そして、棟札に記された五兵衛等が関係した工事として、享保五年（一七二〇）の富田林寺内町の妙慶寺本堂工事がある。この工事の普請願書には、新堂村大工として、五兵衛、徳右衛門、五郎兵衛、七郎兵衛、七兵衛、藤兵衛の六人の名前が記される。ただし、この普請願書に記された五兵衛と、浄真寺棟札に記された五兵衛が同一人物かどうかは確認できないが、同じ木工家であることは間違いないであろう。さ

図22　浄真寺仁王門（1793年）（撮影：三沢博昭　世田谷区教育委員会提供）
世田谷領内の木工が造営。

らに、「石川郡新堂村百姓屋舗絵図」（享保十五年〈一七三〇〉作成、大正七年写）には、妙慶寺本堂工事に関係した六人中四人（行知五兵衛、久保徳右衛門、久保五郎兵衛、大工藤兵衛）の名前が新堂村大工町内に見出せる。

ところで、大工五兵衛は、他の新堂村大工と同様に石川大工組（後の新堂大工組）に属していたと考えられる。畿内五ヵ国および近江国は、前述したように中井の支配下にあり、河内国の大工組は貞享五年（一六八八）には四組あったとされ、その一つが石川組である。河内国の大工組数は少ないことから、一組あたりの木工数は多く、また、組域が広いとされる。石川組（新堂組）の支配範囲は、宝暦九年（一七五九）で「摂河両国十郡」とされ、その十郡に河内国石川郡が入ると推定されている。以上のように、江戸近郊の浄真寺元禄造営の主力を担った木工は、中井支配下の河内国石川組に属した木工であったといえる。

本堂はその後焼失し再建されるが、現存する三仏堂の木材は大坂から運ばれたものであり、また、三仏堂を手がけた木工も、大坂の大工組に所属する木工であったことがわかる。当時は、他所からの木工を排除する傾向が強くあったにもかかわらず、浄真寺においては、あえてそのタブーを乗り越えて、建設が行われたといえる。

やがて、江戸時代後期になると、地元世田谷領内の木工の活動が確認できる。

仁王門の寛政五年（一七九三）の再建棟札には、「仁王門棟梁原田清五郎」とあり、原田清五郎は、文化六年（一八〇九）に没する（「浄真寺過去帳」）。また、その末裔とされる原田磯五郎は、浄真寺鐘楼を建てたという伝承もあり、他に区内の西福寺本堂、無量寺観音堂等を手がけ、十九世紀の世田谷領内でその活動が確認される。現在、原田家の墓が区内の寺院にあり、磯五郎の墓石も残されている。

浄真寺は、創建時に大坂の木工のもとで建設が進められ、江戸時代後期になると、地元出身の木工の成長もあり、地元の木工によって再建等がなされたといえる。

II　木工の系譜

第一章　東　寺

十一世紀初頭より木工の存在が確認できる。また、応徳三年（一〇八六）の五重塔再建工事から、木工の名前が具体的にわかるようになり、大工・小工に木工寮工の紀恒行・菅野是永が任じられる。このころは、木工寮に所属した木工、いわゆる官工が工事に関与する。そして、十二世紀後期になると「寺家修理番匠」「寺家大工」と呼ばれる、東寺専属の木工、いわゆる寺工の活動が始まる。

ところで、永仁四年（一二九六）の「洛中大工条々事書」（『鎌倉遺文』一九一九八、以下「事書」と略す）に、十三世紀後期、修理職と木工寮が、洛中の寺社等で活動する木工に対し、未だに強い支配権を所持したことが記される。東寺の場合、十三世紀末に、惣大工と修理大工が常置され、惣大工職は、修理職の正小工が重代相伝し、修理大工職は、修理職の大工・小工の末工が任じられ、両大工職ともそれぞれ官工が所持したといえる。そして、十五世紀ごろになると、両大工職を所持する木工の身分は、修理職に属する官工から東寺に所属する寺工へ、つまり、官から民へと変化する。

東寺には、これら木工の系譜に関する史料が豊富にある。その代表的なものとして、惣大工と修理大工の系譜を記した「惣大工職相伝」と「修理大工相伝」(共に国立国会図書館蔵「東寺執行日記私用集」所収。以下「私用集」と略す)、惣大工の中世から近世・近代までの系譜を記した「東寺惣大工職補任代々記」(京都市歴史資料館蔵「小矢野家文書」)がある。これら史料の内容を一覧表にしたものが表1・2である。

「私用集」は、東寺執行であった栄増が、「東寺執行日記」(以下「日記」と略す)等の執行方記録を項目別に編纂したもので、延徳二年(一四九〇)をあまり下らない時期に作成される。一方、「東寺惣大工職補任代々記」は、東寺の大工職を代代襲職したと自称する小矢野氏の大正時代までの家系を記したもので、その中世・近世に関する記述は史料としての価値が低いといわざるをえない。しかし、「惣大工職相伝」と部分的に一致、もしくは、より詳述する部分もある。

ここでは、これら史料に記された木工名とその補任年月日を手掛りに、同時代の史料による裏づけを行いながら、歴代の惣大工と修理大工について中世と近世に分けて述べる(「東寺百合文書」を出典とする場合は、文書番号のみを記す)。

一　木工の系譜(十六世紀まで)

十三世紀から十六世紀にかけての木工の系譜を、惣大工と修理大工に分けて述べる。

表１　惣　大　工

	東寺惣大工職補任代々記（小矢野氏）		惣大工職相伝（太田氏）		
	名前	年　月　日	名前	年　月　日	備　考
1	近末	承安３年(1173) ５月14日	近末		
2	末弘	建久８年(1197) ３月17日	末弘		
3	有弘	寛喜２年(1230) ２月23日	有弘		
4	有末	建長４年(1252) ９月13日			
5	有近	文永７年(1270) ３月11日	有近		
6	近忠	永仁３年(1295) ６月24日			
7	近政	正和２年(1313) ４月18日			
8	政国	康永元年(1342)11月９日			
9	国康	貞治３年(1364) ５月22日	国康	貞治３年(1364) ５月22日	
10	国次	応永23年(1416) ２月６日	国次	応永23年(1416) ２月７日	
11	国吉	永享３年(1431) ６月19日	国吉	永享９年(1437)	国次舎弟
12	国政	享徳３年(1454) ３月27日	国政	享徳３年(1454) ３月27日	国吉子息
13	国継	文明９年(1477)12月30日	宗継	文明９年(1477)12月	左衛門次郎、国政の女房の甥
14	宗国	長享元年(1487) ２月21日			
15	宗久	永正８年(1511)11月19日			
16	吉久	天文10年(1541)12月３日			
17	宗政	永禄10年(1567) ８月７日			
18	宗次	慶長11年(1606) ９月20日			
19	政闔	寛永７年(1630)12月11日			
20	政為	寛文７年(1667)3月2日			
21	政慶	元禄３年(1690)2月21日			
22	政次	宝永元年(1704)2月10日			
23	政重	正徳元年(1711)7月10日			
24	重治	享保９年(1724)9月26日			
25	重昌	宝暦４年(1754)11月15日			
26	重親	天明６年(1786)12月20日			
27	重秋	寛政元年(1789)6月4日			
28	重樹	享和３年(1803)12月26日			
29	重保	天保８年(1837)12月29日			
30	重寿	安政４年(1857)3月15日			
31	重房	明治10年(1877)4月11日			

表２　修理大工

修理大工相伝(藤井氏)			
	名　前	年　月　日	備　　考
1	友　長	正中７年(1330)２月29日	※
2	友　継	元徳３年(1331)６月12日	
		元弘２年(1332)正月24日	両度補之
3	長　吉	応安２年(1369)５月25日	
4	宗　俊	明徳２年(1391)６月29日	
5	宗　嗣	応永20年(1413)12月	三郎
	宗　国		次郎四郎は宗嗣の子息、修理大工に一向不補
6	宗　理	嘉吉２年(1442)８月17日	大夫次郎
7	大夫次郎	文明６年(1474)12月11日	宗理の子息

※正中７年という年号は存在しない。元徳２年(1330)のことか。

1　惣大工

(イ) 有　弘

惣大工の史料上の初見は、前述した「事書」である。「事書」の「東寺修理工弘宗已下五人之事」の項に、惣大工職は修理職の正小工有弘が重代相伝し、有弘の没後は、「修理雑掌上人」が南都工や私工を登用して工事を行ったと記す。この南都工や私工を用いた工事は、弘安年間（一二七八〜八七）の五重塔再建（後述する）と考えられる。そのため、修理職の正小工であった惣大工有弘が活躍したのは弘安年間以前であり、おそらく、建長四年（一二五二）の潅頂院の工事等と推測される。

(ロ) 国　成

徳治二年（一三〇七）の護摩堂再建に、惣大工七条大夫国成と大勧進大工未康が関与する。また、この国成の名前が、前述した五重塔再建に際し記された銘文（後掲）に「北京大工従五位下藤原国成」とある。国成は、従五位下の位階を持つことから、有弘と同様に修理職もしくは木工寮に所属する官工といえる。

（ハ）国　時

鎌倉時代末期に、東福寺塔九輪の修復工事を、東福寺勧進方大工末康と争った木工に東寺大工国時がいる（「川瀬伊之助氏所蔵文書」）。上述した文書は、十四世紀初めに作成されたもので、末康が国成の項で述べた大勧進大工末康と考えられる。そのため、東寺大工国時が国成の次の大工ではないかとの指摘もある。これが事実ならば、国時が惣大工であった可能性もある。

（ニ）国　康

これまで別当・執行が木工等を任命していたが、暦応年間（一三三八〜四一）では、東寺大勧進が、雅意に泉涌寺平大工国康へ惣大工職の補任状を発給する（「日記」）。つまり、それまで有弘・国成といった官工が所持した惣大工職が、暦応年間に、大勧進の推薦により、他の寺に所属する木工へと移動したといえる。

（ホ）長　俊

応永十一年（一四〇四）に、東寺惣大工長俊は、別院大工職を所持する唐橋大工国房に対し、別院大工職に関する相論を起こす（さ—八四）。

（ヘ）国　次

応永三十三年（一四二六）二月六日、国次に惣大工職の補任状が発給される（く—一二）。そして、この国次が任命された理由に、「弘安証文」の存在があったとされるが（『満済准后日記』）、「弘安証文」が何を指すのかは不明である。おそらく、前述した弘安年間の五重塔再建に際し記された銘文を指すのであろう。（これを以下「塔婆升形銘」と記す。）この「塔婆升形銘」には、次の①上段②下段があり、さらに、永享十三年（一四四一）の「造営方文書」の中に、「塔婆升形銘」を書き写したとされる③がある。①②の当該部分を次頁に記す。

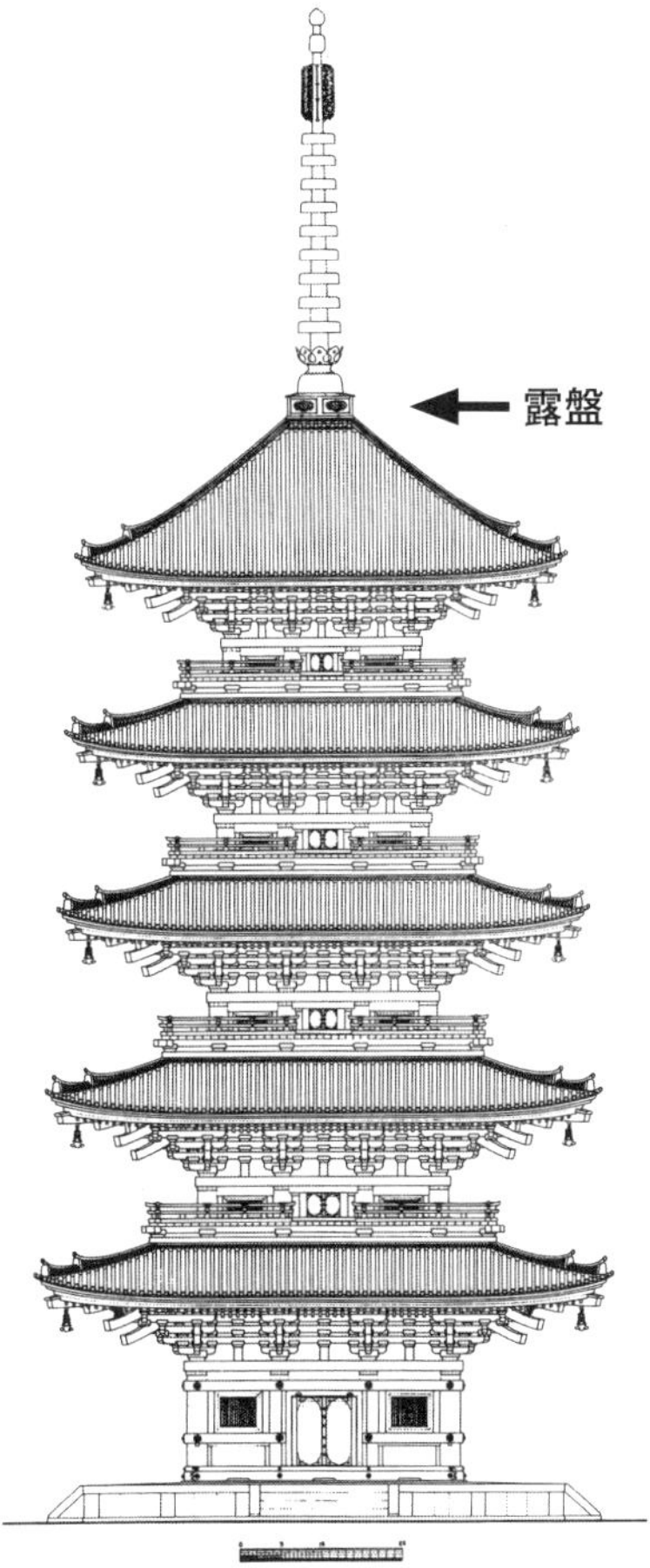

図 23　東寺五重塔立面図
（『国宝教王護国寺五重塔修理工事報告書』〈国立国会図書館所蔵〉より転載）「南面東」等の方位を表す記述があることから、「塔婆升形銘」は、塔婆の露盤部分（矢印）に記された銘文であろう。

①

北京大工従五位下藤原国成
引頭　大伴宗国
藤井末吉
大蔵国継
藤井実安
長八人
藤井貞継　菅原宗清
藤井久行　藤　常継
藤　近弘　藤井有末
藤井宗光　藤井實安
修理大工賀茂弘宗　賀茂国弘
甲
賀茂宗近

②

北京大工従五位下藤原国成
引頭　大伴宗国
藤井末吉
大蔵国継
藤井実安
長八人
藤井貞継　菅原宗清
藤井久行　藤　常継
藤　近弘　藤井有末
藤井宗光　藤井實安
修理大工賀茂弘宗　賀茂国弘
賀茂宗匠　藤井吉貞
藤井貞文　藤井吉国

宗近　藤　友吉
藤井成光　平　末成
藤井友国　藤　吉家
源　国時　藤　友成
長八人
従五位下藤　友宗
銃五位下藤　友継
従五位下藤　友正
従五位下藤井成近
引頭四人
南都大工従五位下信濃権守藤井友光

（中略）
南都大工事可記也。

① 応永二十五年の塔婆修造の際に書き写され、②に記された十九名中十六名が記される。さらに、南都大工藤井友光の右側に、引頭・長合わせて十二名の木工名が記される（『東宝記』）。

② 甲の線の右側部分までが①と同一であるが、左側部分の木工名が異なる。また、南都大工の記

述がない（「東寺観智院金剛蔵聖経」および『続群書類従』）。

③　弘安年間の五重塔造営事始から百三十四年後にあたる応永二十年（一四一三）に作成され、「塔婆升形銘」を書き写した文書とされる。しかし、木工名は、「番匠大工国吉」と「権大工国次」を記すのみである（ヌ―一〇七）。

①②には、（ロ）で述べた惣大工国成の名前が記され、国成と国次は頭字が同じであるため、同じ木工家なのかもしれない。他方、①②には国次の名は記されない。そのため、国次の惣大工任命に有利に働くよう、国次の名前を記した③を偽造した可能性もある。

そして、「塔婆升形銘」に記された木工は、次の三つのグループに分けられる。

i　北京大工　藤原国成以下の引頭四名、長八名

ii　修理大工　①は三名、②は六名

iii　南都大工　藤井友光以下の引頭四名、長八名

名称から類推すると、iは京都の木工、iiiは奈良の木工と考えられる。iiは、東寺における修理大工の初見史料であり、①②に共通して記される木工二名（賀茂弘宗・賀茂国弘）が、「事書」に記された修理職正小工等の末工と考えられ、さらに後述する「修理大工」の項で述べるが、修理大工職を所持した木工と推定できる。

ところで、②にはiiiの南都大工の記述が全て抜け落ちており、文末に「南都大工事可記也」とある。

また、①にⅲの南都大工の名前が記されていることに関連して、「事書」には「当寺御修理雑掌上人、或いは南都工を以て造営せしむ、或いは私工を用いらるるの条、公家大工等これ術なく愁訴なり」とあり、御修理雑掌上人（東寺の大勧進憲静）による南都工の採用が、いかに異例であったかがわかる。そのため、恣意的に南都工を削除して、②が作成されたと推測される。文末の「南都大工事可記也」は、こうした複雑な事情があったことを示唆するものといえる。

なお、「南都大工」は、東大寺系の木工と考えられている（大河『番匠』）。事実、弘安六年（一二八三）の瓦銘を持つ、鎌倉時代後期に建立された東寺北総門には、大仏様木鼻が使用されており、東大寺系の木工の関与を裏づけるものである。

(ト)　国　　吉

永享四年（一四三二）六月十六日条に「惣大工国吉」とある（『東寺長者補任』）。ところで、「塔婆升形銘」③には、「番匠大工国吉」、「権大工国次」とあり、国次の上位に国吉が記される。しかし、「惣大工職相伝」では、国吉は国次の「舎弟」と記され、また、この項で検討したように、惣大工に補任される順番は、国次の次が国吉である。前述したように「塔婆升形銘」③が偽書であることは、このことからも裏づけられる。

(チ)　国　　政

享徳三年（一四五四）正月四日条に「惣大工 唐橋国政」とある（「日記」）。

(リ) 宗　継

文明六年(一四七四)に国政の代官として記され(「日記」)、文明九年に惣大工に任命される(天地―四〇)。これ以降永正三年(一五〇六)にかけて、史料上では左衛門五郎、左衛門三郎、左衛門次郎と通称される。おそらく、幕府が発給した延徳二年(一四九〇)の「室町幕府奉行人連署奉書」に記される左衛門五郎が正しいのであろう(射―一八)。

・宗継と宗国による大工職相論

左衛門五郎宗継(唐橋大工宗継)は、前述したように文明九年に惣大工に任命されるが、文明十七年(一四八五)には、惣大工職は宗国(右衛門大夫)へ異動する(く―二七)。そして、明応九年(一五〇〇)に宗国が死去する(享年九十歳)まで、この二人による大工職相論が繰り広げられ、時には数ヵ月で大工職が異動する。この相論に関する「室町幕府奉行人連署奉書」も四通残存し、その詳細は別に述べており(拙著『中世日本建築工匠史』)、ここでは、次の二点を指摘したい。

文明十八年(一四八六)十一月十八日に、宗国を惣大工職に任じる「室町幕府奉行人連署奉書」が発給されるが、その六日後、東寺では、宗国の惣大工補任は認めるものの、修理大工補任を認めない衆議がなされる(ワ―七九)。そのため、宗国はこの相論において、一時期、惣大工の他に修理大工も望んでいたことがわかる。

また、長享元年(一四八七)閏十一月の宗国を惣大工に任じる綸旨案写がある(「小矢野家文書」)。

前述したように宗国は、幕府や東寺より惣大工に任じられており、さらに朝廷からの承認を得る必要性は低いといえる。ところで、この文書は末尾に「阿刀文書写」と記すが、阿刀文書等の他の史料で、この文書の発給を確認することはできない。さらに、この文書が発給された長享元年には閏十一月は存在しない。そのため、この文書は明らかに偽文書といえる。おそらく、これ以降も続く惣大工職相論を有利に進めるために、宗国が捏造したのであろう。

・**藤井次郎四郎宗国**

右衛門大夫宗国と同じ宗国を名乗り、同時期に活躍した木工に藤井次郎四郎宗国がいる。「修理大工相伝」では、藤井次郎四郎宗国は宗嗣の息子で、修理大工に一向に補任されず、修理大工藤井宗理は宗国の従弟であると記す。

この藤井次郎四郎宗国は、享徳四年（一四五五）の南大門柱修造の際に、惣大工国政を相手に大工職相論を起こしている。そこで、右衛門大夫宗国と藤井次郎四郎宗国を同一人物と仮定すると、右衛門大夫宗国の没年から逆算して、宗国四十五歳の時に国政、七十五歳から九十歳の時に宗継と惣大工職相論を行ったといえる。つまり、修理大工を相伝する家系に生まれた藤井宗国が、惣大工相論を行うことにより、一時的に惣大工に任じられたといえる。この仮定が事実だとすれば、文明十八年に宗国が修理大工職を望んだのは、自身が修理大工職を相伝する藤井氏出身であることが、背景にあったと考えられる。※註

（ル）　兵衛三郎

永正三年（一五〇六）に宗継の跡を子の兵衛三郎が相続する（天地─四六）。この兵衛三郎は永正九年に死去しており（「東寺過去帳」）、惣大工であったのはわずか六年間である。

（ヲ）　三郎左衛門尉

兵衛三郎の死去の翌年に、番匠三郎左衛門尉が大工職相論を起こす（つ─五〈二八〉）。その後の史料がないので断定できないが、三郎左衛門尉が惣大工に補任された可能性がある。

（ワ）　甚　三　郎

天文十年（一五四一）～永禄五年（一五六二）（「日記」）。なお、天文十年の太田吉久の惣大工職補任状写（「阿刀文書」）がある。この補任状写が本物ならば、太田吉久と甚三郎は同一人物の可能性がある。

（カ）　五郎左衛門

永禄六年（一五六三）に五郎左衛門が見出せる（「日記」）。また、永禄七年から元亀四年（一五七三）まで「惣大工左近将監」とあり（「日記」）、左近将監と五郎左衛門も同一人物の可能性がある。

2　修理大工

（い）　賀茂弘宗・賀茂国弘

修理大工の初見は、前述した弘安年間の「塔婆升形銘」であり、賀茂弘宗、賀茂国弘等の木工名が記される。

賀茂弘宗は、前述した「事書」に記される「東寺修理工弘宗」と考えられ、賀茂国弘も、同じく「事書」に記される梶井宮大工国弘の可能性がある。また、約半世紀後の元徳二年（一三三〇）に「修理大工国弘」とある（「日記」）。前述した宗国が九十歳近くの高齢においても、惣大工職を所持したことを考え合わせれば、これら国弘も同一人物の可能性がある。

（ろ）友　継

暦応四年（一三四一）の塔婆木作始に際し、「西当寺修理大工左近大夫、友次」（『東宝記』）とあり、左近大夫友次が修理大工であり、これは前述した表2の友継を指すと考えられる。

また、表2にある友継の再任の年と同年号の文書に、正慶元年（一三三二）の「東寺年預書下案」（『鎌倉遺文』三一八〇三）がある。その宛て名に「謹上　長上御大工左近将監殿」とある。友次の官職「左近大夫」は、従六位上から五位に進んでもそのまま将監でいるものを指す官職であり（和田英松『官職要解』）、友継はそれ以前には左近将監を名乗っていた可能性がある。そのため、この文書の宛て名「長上御大工左近将監」は、友継を指すのかもしれない。この推測が正しければ、友継は「修理大工相伝」に記された年に修理大工に補任されたといえる。ただし、この文書は案文の写しであり、文中には長者御教書の誤りと考えられる「長官御教書（傍点筆者）」などの記述があり、史料として信憑性に欠ける点もある。

さらに、この文書が記された料紙中には、他に大工職関係の文書四通（甲、乙、丙、丁。概略を後述）が記される。いずれも案文の写しであり誤字が数ヵ所ある。また、字体がほぼ同一であることから、丁の記された応安二年（一三六九）以降に、五通の文書をまとめて一つの料紙に書き写したと考えられる。そして、そこに記された木工の名前は、久国を除く、友継・友長・長吉が、「修理大工相伝」に見出せ、長吉も後述するが他の史料で確認できる。

甲：建武二年（一三三五）五月二十六日

友継と久国の修理大工職相論の結果、友継に理があるとして、友継を修理大工に補任する下知状案

乙：建武三年（一三三六）七月二十五日友継に下された「武家御判御教書案」

丙：康永三年（一三四四）十二月八日

友長に下された「修理番匠大工職」の安堵状案。「修理大工相伝」では、友継よりも先に修理大工職に補任と記す。ただし、その補任年月日を正中七年とするが、この年号は存在しない。おそらく正中元年（一三二四）から六年後の元徳二年（一三三〇）か。また、修理大工ではなく、修理番匠大工と記す等、偽文書の可能性が高い。なお、友長に関する史料は、この文書と前述した「修理大工相伝」のみである。

丁：応安二年（一三六九）五月二十五日

長吉に下された修理大工職補任状案。年号が「修理大工相伝」の記事と一致する。長吉については後述する。

（は）長　吉

「修理大工相伝」および、前述した丁と同じ年月日を有する修理大工職補任状案（「阿刀文書」）があり、また、永徳二年（一三八二）四月二日付の「後円融天皇綸旨案」（「阿刀文書」）もある。なお、長吉は従五位下、左衛門尉の位官を有し、明徳二年（一三九一）に死去する（『東寺王代記』）。

（に）宗俊・大夫次郎

「修理大工相伝」では、長吉の次を宗俊としており、宗俊の補任年月日を明徳二年六月二十九日と記す。これは前述したように長吉の死去した翌月にあたる。ところが、宗俊の名は「修理大工相伝」以外には史料上見出せない。

一方、応永十五年（一四〇八）に「大夫次郎」（「東寺八幡宮御遷座記」）、応永二十年（一四一三）に「寺家番匠大夫次郎」（ヌ―六五）とある。宗俊の修理大工補任年に近く、これら木工が同一人物の可能性もある。

（ほ）宗嗣・宗副

「修理大工相伝」には、宗嗣は三郎と号し、応永二十年十二月に補任されたと記すが、それ以外の史料で宗嗣の名を見出すことはできない。また、応永二十五年（一四一八）に「番匠御大工三郎宗継」

を差出人とする起請文案（ヲ―七一）がある。継と嗣は「ツグ」と読めるため、両者は同一人物と考えられる。なお、この起請文案は、東寺の瓦大工と番匠御大工与三が喧嘩をし、両者とも死亡したため、東寺が仲裁に入り、将来への遺恨をなくすことを両者の親族に誓わせたものである。この起請文案は、与三の親族宗継が作成したものであり、この死亡した与三が前述した（に）の木工と何らかの関係性を持つのであろう。

ところで、応永三十三年の修理事始に、惣大工国次の他に、内裏の推薦により七条大工宗副を加えたとある（『満済准后日記』）。そして、その十年後の永享八年（一四三六）に、「惣大工国吉ハ唐橋ニアリ修理大工七条イノクマニアリ」とあることから、この時期、修理大工宗副は七条猪熊近辺に在住していたといえる（「私用集」）。この宗副は、「修理大工相伝」には記されないものの、宗嗣より遅れて史料上に見出せることから、宗嗣の次に修理大工に任じられた可能性がある。なお、宗副は宗を頭字としており、宗嗣とは血縁的な繋がりがあったと考えられ、また、大工職移動の記事が見出せないことから、両者が同一人物の可能性も否定できない。

（へ）宗　理

嘉吉元年（一四四一）に補任され（「日記」）、翌二年八月十七日に請文を出しており（「阿刀文書」）、「修理大工相伝」は、この請文を出した年月日を記す。

ところで、宗理は修理大工職を得るために、永享十二年（一四四〇）に寺家へ申状を出している

（ユ―六五）。宗理は、その申状の中で、修理大工職を代々相続した木工家の出身であるため、多くの補任状等を所持しており、中でも等持院殿様（足利尊氏）の御判御教書と永徳二年（一三八二）の勅裁等を所持することを強調している。これら二点は、友継の項の（乙）建武三年「武家御判御教書案」と、長吉の項の永徳二年「後円融天皇綸旨案」と考えられる。そのため、宗理が修理大工職の継承者たる根拠としてあげた二点は、実在したものであり、宗理が属する木工家は、十四世紀中期の友継のころまで溯る可能性がある。

（と）大夫次郎

文明六年（一四七四）十二月二十一日に、宗理の死去により子息大夫次郎が補任される。（「日記」）。大夫次郎は長享二年（一四八八）死去（「東寺過去帳」）。

（ち）孫三郎

文亀三年（一五〇三）正月十四日（追加之部二十）。

（り）宗吉

天文五年（一五三六）に寺家へ請文を提出する（「阿刀文書」）。

（ぬ）孫左衛門

永禄四年（一五六一）から六年にかけて孫左衛門（「日記」「阿刀文書」）、翌七年から元亀三年（一五七二）にかけて衛門大夫（「日記」）とある。この間に修理大工に関係する大工職相論や相続等の記事がないため、両者は同一人物の可能性もある。

3　木工の生活

ここでは、古代・中世における木工の生活について、各項目に沿って述べる。

(i)　木工の人数

東寺に所属する木工は、古代・中世において、下部と呼ばれる身分に属する。そして、東寺長者が新しく任命され拝堂した折り、禄が平等に各木工へ配分される。また、正月の講堂修正会では、壇上の餅が一括して木工に支給される。

木工の人数は、平安時代後期で六人、鎌倉時代では五人に減るが、以後中世を通じて変化しない。そして、木工五人の内訳は、十五世紀では、惣大工方三人（惣大工、引頭、長）修理大工方二人（修理大工、長）である。例えば、永享六年（一四三四）正月の場合、正月二日に修理大工として二人分、正月四日に惣大工として三人分の膳が用意される（「日記」）。

ところが、康正三年（一四五七）四月二十六日の南大門修理の事始では、惣大工方は惣大工国政、長 藤原宗行左近太郎、引頭 国吉兵衛五郎、修理大工方は修理大工宗理、長 兵衛次郎、引頭 八郎の各大工方三人ずつに祝儀が下行される（『東寺長者補任』）。

つまり、惣大工方・修理大工方とも三人以上の木工が存在するものの、東寺としては、修正会等の仏教儀式では旧例に倣って、その中の五人のみを下部なる身分に属する木工としてとらえる。一方、建築工事に関連する儀式では、各大工方の上首三人（合計六人）に祝儀が下される。

（ⅱ）大工職補任料

十五世紀後半から十六世紀後半にかけて、惣大工と修理大工は同額の二貫二百文である。内訳は、一貫文を別当へ、残りの一貫に「コシサシ（腰差）」分の二百文を加えた一貫二百文を執行へ納める（「私用集」等）。

（ⅲ）給　料　等

惣大工と修理大工に、給田が一段ずつ与えられる（「私用集」他）。このことは、前述した修理大工藤井宗理が、嘉吉二年（一四四二）に寺家に出した請文にも記され、毎年固定費として東寺の算用状等にも記載される。また、この請文には、惣大工と修理大工の年始事始の下行物が一貫文ずつであったことも記される。しかし、寛正七年（一四六六）以降は、惣大工と修理大工に、毎年交替で二百疋（二貫）が下される（け―七）。

（ⅳ）節料（木工が東寺に納める税の一種）等

歳末に切盤一・釣瓶一・箸木十支を、惣大工は御影堂・別当・年預の三ヵ所へ納め、修理大工は、鎮守・造営奉行・執行の三ヵ所へ納める（「私用集」）。また、両大工には、春の稲荷祭に際し、赤飯御供の義務を負う赤飯頭役や、八月十五日の東寺鎮守八幡宮放生会に際し、両大工が一年交替で奉仕する花足番等がある。

（ⅴ）住　宅

惣大工には、寺内に屋敷一ヵ所が下される（「私用集」）。また、確証はないものの、その始まりは、十三世紀末の永仁年間ごろとされる。

（ⅵ）木工の名前

十五世紀後期ごろの作成とされる「私用集」には、惣大工は太田姓、修理大工は藤井姓と記す。しかし、史料上で確認できるのは、惣大工が国次（十五世紀前期）から、修理大工が長吉（十四世紀中期）からである。

また、惣大工や修理大工は、それぞれ唐橋大工、七条大工とも呼ばれる。しかし当初は、応永十一年（一四〇四）に惣大工長俊と別院大工職を争った国房が唐橋大工を名乗る。その後、惣大工国次が唐橋大工を名乗り、以下、国吉・国政・宗継・兵衛三郎と代々の惣大工が名乗る。

一方、七条大工も当初は、徳治二年（一三〇七）に惣大工国成が七条大夫国成と記される。また、貞治四年（一三四八）の鐘鋳造には、三条大工とともに七条大工の名が見える。そして、修理大工で七条大工と呼ばれるのは、応永三十三年（一四二六）の宗副からであり、嘉吉二年（一四四二）に修理大工宗理が「七条ノ四郎」と呼ばれる。

ところで、惣大工国政の在所は唐橋猪熊であり、修理大工宗理の在所は七条油小路であることから、両大工ともその在所の東西の通り名にちなんで呼称されたといえる（唐橋は九条坊門小路の別名）。

本章で論じた木工名を、世紀ごとに記す。

	惣大工	**修理大工**
十三世紀	有弘	賀茂弘宗 賀茂国弘
十四世紀	国成 （国時） 国康：泉涌寺平大工	友継 （友長） 長吉：藤井姓
十五世紀	長俊 国次：太田姓・唐橋大工 国吉：太田姓・唐橋大工	大夫次郎（宗俊か） 宗嗣（宗継とも記される） 宗副（宗嗣と同一人物の可能性有り）七条大工

国政：太田姓・唐橋大工
宗継：太田姓・唐橋大工
宗国

十六世紀

兵衛三郎：太田姓・唐橋大工
（三郎左衛門尉）
甚三郎（太田吉久か）
五郎左衛門（左近将監か）

宗理：藤井姓・七条の四郎
大夫次郎
孫三郎
宗吉
孫左衛門（衛門大夫か）

(vii)　工事請負について

前述した「塔婆升形銘」①には、大勧進により推薦された「南都大工」藤井友光に対し、惣大工国成を「北京大工」と記し、それぞれの大工に率いられた引頭・長の名前を記す。それに対し修理大工は、①と②で記される木工名が異なり、また、惣大工に率いられた木工集団の下に位置するように見える。事実、「事書」に記すように、修理職小工が惣大工に任じられるのに対し、修理職小工の末工が修理大工に任じられ、その差は歴然としている。

そこで、十四・五世紀において、惣大工と修理大工のどちらが工事を担当したかを確認する。

・徳治二年（一三〇七）護摩堂工事
　惣大工と並んで大勧進大工末康が担当
・正和四年（一三一五）大湯屋工事と文保元年（一三一七）食堂工事
　大勧進大工末康が単独で担当
・暦応四年（一三四一）塔修理
　国康（後に惣大工となる）と並んで初めて修理大工が担当
・応安二年（一三六九）講堂修理と康暦二年（一三八〇）御影堂修理
　修理大工が単独で工事を担当
・永享八年（一四三六）塔修理
　惣大工が事始を行うが、その後、修理大工と工事受注をめぐる相論が生じ、最終的には惣大工が工事を担当
・享徳四年（一四五五）南大門修理
　惣大工国政と次郎四郎宗国による工事受注をめぐる相論が生じる。この相論により、工事は中断したが、翌年の地震により、塔婆転倒の危険が生じたため、康正三年（一四五七）に工事は再開され、事始に惣大工国政と修理大工宗理が揃って参加する。

・文明十八年（一四八六）鎮守八幡宮工事

前述したように宗継と宗国の間で惣大工職に関する相論が生じるが、事始では惣大工藤井宗国が「大工」となり、「長」「引頭」を従え、「其他」として、修理大工である「大夫次郎等三人」が参加。惣大工と修理大工は対等な立場とはいえない。しかし、宗国と大夫次郎は、前述したように同じ家系の木工でもある。そのため、この工事は、惣大工職を得ていた宗国とその家系の木工等による工事と考えるべきであろう。

以上、史料が比較的に多く残っている工事から類推すると、十四世紀初期では惣大工、十四世紀中期では修理大工が主となり工事を担当するが、十五世紀に入ると工事受注に関する相論が起こされ、その結果にもとづいて受注者が決定されたといえる。つまり、惣大工の優位性が保たれるのはせいぜい十四世紀初期までであり、まさにこの惣大工の優位性を否定するかのように、この時期を境に大工職補任状が発給される。

ところで、東寺一長者であった三宝院満済が定めたこととして「私用集」に「作事の時は、各等分に沙汰致すべしの由宗理の請文にこれ有り」とあり、作事は惣大工と修理大工が等分割することと記される。しかし、文中にある修理大工宗理が嘉吉二年（一四四二）に記した「請文」には、屋敷の事、大工給田の事、年始事始の事以外は、「此外色々得分共の事は寺家に御定のごとく御配分是非を申すべからず候」と記すだけである。「寺家に御定」の箇所が、惣大工と修理大工の作事の等分割の意味を表すのであろうか。むしろ、「作事の時は、各等分に沙汰致べく」と記されることは、裏を返せば、実際の工事においては、両大工が対等に工事を受注することが出来なかったと推測される。

惣大工や修理大工といった大工職に補任されることにより、ほぼ対等に年始事始の下行物や給田を得られるものの、工事受注に関しては、工事ごとのさまざまな要因により受注者が決定されたといえる。要するに、大工職を所有するからといって、東寺の造営工事に優先的に参加できるとは限らなかったのである。

以上のことから、十三世紀においては、修理職に属する惣大工とその末工という関係が、そのまま惣大工と修理大工の関係を位置づけしていたといえる。しかし、十五世紀中期ごろには、惣大工と修理大工が互いに東寺の工事を奪い合うといった、競争関係にある寺家の木工へと変化したことがわかる。

4　大勧進について

大勧進は、平安時代末から室町時代にかけて、寺院や神社の造営工事等に見出せる。十二世紀では勧進聖集団の頭目的存在であるのに対し、鎌倉時代以降では大勧進職保有者を意味するようになる。この大勧進による造営は、はじめのころは大勧進の全面的請負事業として行われる。しかし、寺社内部に造営組織が形成されると、大勧進は単なる造営資金の集金・管理者等へとその性格を変える。

東寺の大勧進については、その概略をⅠ―第二章で述べたが、ここではその活動内容について詳述する。

東寺大勧進は、十三世紀後期の憲静以降、十四世紀中期にかけて、数代にわたり律院である泉涌寺の長老により独占される。中でも憲静は、巷所・八条町等の料所をもとに、寺内の修理等を行う作所を創設したとされるが、作所の具体的な活動内容は不明である。

この東寺大勧進が、泉涌寺長老によって独占されていた時期、大勧進は木工の任免に対し大きな影響力を持っていた。前述したように、大勧進は、弘安年間の五重塔工事等に、「南都大工」や「私工」を工事に参加させ、暦応年間の五重塔工事では、「泉涌寺平大工」であった国康を惣大工に任じている。この他にも、徳治二年（一三〇七）護摩堂工事、正和四年（一三一五）湯室大湯屋工事、文保元年（一三一七）食堂拂葺等に、「大勧進大工」末康を参加させている。

また、建武元年（一三三四）の五重塔供養会（『建武元年東寺塔供養記』）では、必要な建築物の修理等を、大勧進と寺家で分担する。その際、大勧進の担当した建築物等は詳細にわかるものの、寺家の担当した建築物は不明である。おそらく、大勧進がその修理等の大部分を担当したのであろう。そして、大勧進は、工事現場における諸々の事柄について、東寺長者の道意僧正の指示を書状により仰ぎ、その仲介役に代官僧を当てる。

ところが、延文二年（一三五七）の知一の大勧進職辞退を契機として、大勧進に代わり供僧が巷所等の造営料所の管理を行い、これは後に造営方へと発展する。このころになると、大勧進が木工の任免に関与することはなくなる。少し後の事例であるが、延徳三年（一四九一）の講堂工事では（天地―四五）、大工職相論のために立柱・上棟が延期されたが、大勧進はこの延期の旨を両大工に下知する等、木工に対しては事務伝達などを行うだけである。

そして、康暦二年（一三八〇）の西院造営では、造営方の活動が活発となる。再建経費を記した「造営方算用状」（ヒ―六一）には、「細々雑用僧時分」の項の約半分が「勧進方雑用」として計上され、また、「大勧進僧モテナシ」等の費目も計上される等、大勧進が関係した分が算用状に記載される。さらに、「造営方料足注文」（カ―六八）には、明源上人が集めた奉加銭も計上される。つまり、大勧進が集めた奉加銭や、大勧進が関係した諸経費が全て造営方の会計報告書に記載されており、大勧進関連の造営関係費用は、造営方のもとで処理されたといえる。

そこで次に、永享五年（一四三三）の御影堂上葺（キ―三七）と永享八年（一四三六）の五重塔修理（「日記」）において、大勧進であった覚蔵坊と造営方の関係について見てみよう。

御影堂上葺では、覚蔵坊は十方勧進を行い、幕府より百貫文の奉加を受け、造営奉行聖清僧都より供僧中奉加千疋（百貫文）を受け、合わせて二百貫を受け取る。そして、「造営方算用状」には、大勧進が関与した支出分（工匠の工賃他雑費）が一括して記される。

一方、五重塔修理工事では、公方御大工と東寺大工国吉がそれぞれ損色（見積書）を出す。公方御大工（八百貫余）より高い千貫余を提示したにもかかわらず、惣大工国吉が工事を担当することとなる。そして、工事の事始に際し、将軍足利義教は、覚蔵坊を大勧進に任じる。ところが、この工事において、惣大工と修理大工の間で相論が起き、幕府は惣大工国吉に造営を沙汰させる旨を裁定し、これを幕府奉行人より造営奉行へ申し付ける。そのため、大勧進はこのころ、工事請負額の決定や、木工の選定に積極的には関与していない。なお、造営奉行は、造営方を構成する供僧中より毎年多数決で選ばれていたが、この工事では、将軍義教が供僧中より任命しており、異例なこととされる。

以上のように、造営方が成立する直前の建武元年の塔婆供養会において、大勧進は、工事内容等に関する打ち合わせを、代官僧を介して寺家側と頻繁に行う等、主体的に工事に関与する。しかし、造営方成立後（十四世紀後期以降）は、大勧進の集めた奉加銭や、大勧進の沙汰した費用等が「造営方算用状」等に一括して計上されるなど、大勧進は造営方の支配下にあったといえる。

二　木工の系譜（近世）

十七世紀から十九世紀にかけての、木工の系譜について述べる。この時期の史・資料は、中世に比べて公開されたものが少なく、さらに、今後も新たに発見される可能性が高い。そのため、ここでは、報告書等に紹介されたものなど、限定された史・資料の分析から得られた内容であることをあらかじめ断っておきたい。

1　惣　大　工

(ヨ)　甚五郎・太郎兵衛

慶長七・八年(一六〇二・三)に甚五郎(「金堂棟札写」)、慶長十年十二月二十七日の歳末の挨拶に惣大工代理として「越前」が記される(「阿刀文書」)。

ところで、慶長十年に東大門が再建され、その棟札に、受領名を有する木工として「孫十郎石見守」や「太郎兵衛越前守」が記される。おそらく、太郎兵衛が、前述した惣大工甚五郎に代わって歳末の挨拶にきた「越前」と考えられる。この太郎兵衛は、後に惣大工となり、寛永十八年(一六四一)～正保元年(一六四四)の五重塔再建工事(図10)において、「東寺大工太郎兵衛」と記される(「中井家文書」)。

他方、「東寺観智院金剛蔵聖教」にある「慶長十年東大門棟札写」には、受領名を有する木工として、「藤井石見守吉次」とともに、「小矢野越前守宗次」が記される。この棟札写と、前述した棟札に記される木工名は異なり、明らかにこの棟札写には作為の跡が見える。しかも、「東寺惣大工職補任代々記」(表1参照)には、慶長十一年に小矢野宗次が惣大工に補任されたとあり、棟札写の内容と一年前後するものの、明らかにこの棟札写を念頭に作成されたと推測される。あるいは逆に、「東寺惣大工職補任代々記」の記述内容の信憑性を高めるため、棟札写が捏造された可能性もある。

（タ）　中村正慶

承応四年（一六五五）の食堂修理において、信頼性は低いものの棟札写に「当寺本大工中村越前藤原朝臣正慶」（「東寺観智院金剛蔵聖教」）とある。前述した太郎兵衛が越前の受領名を名乗り、また、後述する惣大工に中村姓の木工が三代にわたり見出せるため、中村正慶が惣大工であった可能性がある。

（レ）　中村治重

享保十七年（一七三二）（御影堂棟札）。

（ソ）　中村重昌

明和五年（一七六八）（灌頂院の柱銘）。

（ツ）　中村重樹

文化十五年（一八一八）～天保三年（一八三二）（八島社・毘沙門堂・講堂の各棟札等）。

2　修理大工

（る）　藤井宗次・吉次

慶長三年（一五九八）に「御大工孫十郎宗次」（講堂木部墨書）とあり、また、慶長五年の藤井吉次

（孫十郎）の大工職補任状がある（「阿刀文書」）。そのため、修理大工職が宗次から吉次へ移動したといえる。ただし、両者とも孫十郎を通称としており、年代も二年しか離れていないため、同一人物の可能性もある。そして、吉次は、慶長十年には石見守を名乗り（東大門棟札等）、元和四年（一六一八）の西院鐘楼には修理大工代を立てる（棟札）。

ところで、寛永十八年（一六四一）から始まった五重塔再建工事では、「東寺大工」として、惣大工太郎兵衛の名前は見出せるものの、修理大工の名前は見出せず、代わりに木子吉左衛門が見出せる（「中井家文書」）。この工事は、当初入札であったが、途中から中井直営の工事に変更される。そして、中井配下の頭棟梁である今奥和泉と、法隆寺東里大工の善太夫が棟梁を勤め、中井配下で中核的な位置を占めるとされる大和大工に、前述した東寺大工二人を加え、さらに近江国の作右衛門組と伊右衛門組が参加する（谷直樹『中井家大工支配の研究』）。なお、木子氏は、Ⅱ—第五章で詳述するが、この五重塔再建工事を契機として、以後、元禄十五年（一七〇二）にかけて、東寺およびその周辺で活動する（「木子旧記抜書」）。

（を）　藤井家次

天和三年（一六八三）〜元禄十一年（一六九八）（観智院南門および東寺講堂棟札）。

（わ）　重次・末長

十八〜十九世紀にかけて、木工関係の史・資料が乏しい。「藤井石見重次」（享保十七年〈一七三二〉

御影堂棟札)、「藤井石見」(明和五年〈一七六八〉灌頂院木部墨書)、「石見椽源末長」(文政十年〈一八二七〉講堂木部墨書)等が確認できる。

3　木工の系図

ここで改めて、前述した「小矢野家文書」所収の「東寺惣大工職補任代々記」について詳述したい。まず、小矢野氏の木工としての来歴を確認する。小矢野の名前が、東寺の造営関係史料の中で初めて確認されるのは、慶長十年(一六〇五)の東大門棟札写であるが、これは前述したように後世の偽物である。また、中世の絵図をもとに江戸時代に作成された「東寺境内図」(東寺蔵)の西南部隅の余白に次のように記される。

寛永十二乙亥二月　東寺惣大工職
小矢野越前守政闊
改之
天保三年　辰正月　同　重樹
改之

写真版での確認であるが(現物は未見)、両年号以下の記述は同筆であり、おそらく、天保三年(一八三二)にこの箇所が書き加えられたと推測される。そして、寛永十二年に惣大工職を小矢野政闊が所持したという記述は、「東寺惣大工職補任代々記」と一致する。しかし、前述したように、慶長十年の東大門工事から正保元年竣工の五重塔工事まで、惣大工もしくは惣大工代として、太郎兵衛の名前が見出せる。そのため、この寛永十二以下の部分も後世の作為と考えられる。ただし、太郎兵衛を名乗る木工の実名が不明のため、小矢野越前守政闊と同一人物の可能性もありうるが、この時期の工事関係史料に小矢野姓が見出せないため、その可能性は低い。

ところで、十七世紀後半から中村姓の惣大工が見出せ、「東寺境内図」に記された「同　重樹」は、前述した文政・天保期に惣大工であった中村重樹と見なせる。おそらく、中村重樹が天保三年に、親密な関係にあったと推測される小矢野氏に配慮した記述を書き加えたのであろう。

次に、「東寺惣大工職補任代々記」に記された木工名と、実際の木工名を確認する。まず、中世では、3有弘、9国康、10国次、11国吉、12国政、14宗国の実在が確認できる。もし、13国継の頭字が宗の書き違いならば、十四世紀中期から十五世紀までの木工名が一致する。なお、十六世紀は、実在する木工の実名が不明のため、「東寺惣大工職補任代々記」と比較できない。

また、近世では、24重治の上下の字を入れ替えた治重、25重昌、28重樹は、中村姓ではあるが、木工名と活動時期がだいたい一致する。

さらに、第四章北野天満宮で詳述するが、宝永二年（一七〇五）の北野宮寺大工職相論において、決着の決め手となったのは、中井源八郎が北野天満宮寺務に提出した口上書によると、木子勘右衛門が所持した五通の大工職補任状などの写である。その中の三通に記された木工名は次のとおりである。

甲：寛永十六年（一六三九）三月十七日　政闊

乙：寛文九年（一六六九）正月五日　政為（もしくは為政）

丙：元禄二年（一六八九）十一月十八日　政慶

これら甲・乙・丙と19・20・21の木工名が一致しており、大工職補任状の年月日も、「東寺惣大工職補任代々記」とあまり離れていない。しかも、中井源八郎は政闊・政為を「木子近江」と呼ぶ。

以上のことから、「東寺惣大工職補任代々記」の十四世紀中期から十五世紀までの木工名は実在がほぼ確認され、十七世紀中期から後期にかけては木子氏関係、十八世紀中期から十九世紀前期にかけては中村氏関係の木工名が記されたといえる。

なお、小矢野氏は、前述したように、十九世紀中期ごろから中村氏との密接な関係が想定され、明治二十七年（一八九四）の大日堂棟札でその活動が確認できる。

※註　本書の校正中に、唐橋大工と塩小路大工の「東寺大工職」相論に関する論考を知った。（伊藤俊一・富田正弘・本多俊彦編『東寺廿一口供僧方評定引付』第四巻　二〇一九年　思文閣出版　四一六〜七頁の補注）。論考では、宗国を塩小路大工の系列に入れるが、唐橋大工と記す箇所もあるなど論旨が不明確である。また、補注のためか、塩小路大工の定義が不明であり、その典拠も省略される。よって、本書の論旨に変更を加える箇所はないといえる。

第二章　高野山

嘉保二年（一〇九五）の大塔造営ごろから、木工の名前が具体的にわかり、また、作所の活動も確認できる。この大塔造営や、久安五年（一一四九）の大塔・金堂造営のような大規模な工事の場合、東大寺工や木工寮工等が、それぞれ高野山へ下向して工事を指揮する。一方、文治五年（一一八九）の奥院拝殿修理のような小修理の場合は、高野山専属の木工により工事が行われる。

このように高野山では、十一世紀末から十五世紀にかけて、奈良・京都から下向した木工集団と、高野山専属の木工集団（寺家大工や山下番匠大工などと呼ばれる）が活動する。特に、京都から下向した木工寮・修理職出身の木工は、十四世紀初期に惣大工に補任され、十五世紀中期の造営文書には、その末裔なのであろうか惣大工を名乗る木工が見出せる。また、近世では高野山で活動する木工は、大きく正大工と権大工に分かれ、それぞれ異なった来歴を持つ。ここでは、これら木工の系譜について、十一世紀末から十五世紀、十六世紀から十九世紀に分けて述べる（「高野山文書」を出典とする場合は、文書群の名称と文書番号のみを記す）。

一　木工の系譜（十一世紀末から十五世紀：院政期から応仁の乱）

1　奈良・京都から下向した木工

嘉保二年の大塔造営で活躍した賀茂氏は、「大工東大寺工」（又続宝一〇二一—一七四二）とあることから、東大寺の木工といえる。また、十二世紀中期から十四世紀初頭にかけて、京都から下向した木工が断続的に工事に関与する。例えば、嘉元三年（一三〇五）の天野社（高野山鎮守社）再建では、「京番匠交名」（「天野社造替日記」）に「惣大工中務丞助近」と記される木工は、同年十月十五日の釿始の条では、「番匠大工左衛門次郎助近　大工代彦太郎清延　引頭四人　長五人」とある。つまり、左衛門次郎助近は、京都より下向した木工で、中務丞という官職を有する官工と推定できる。事実、左衛門次郎助近は、官工身分の木工が任じられる惣大工に補任される。

ところで、この工事から十五世紀中期にかけて、「左衛門二郎」「天野番匠」を名乗る木工が高野山で活動する（後述するイ、ロ、ハ）。そこで、以下、左衛門次郎助近とそれら木工との関係について述べる。

（イ）　弘和三年（一三八三）七月の奥院・天野社両所の大工職相論では、左衛門二郎と兵衛二郎が争い、結局、籤により左衛門二郎が奥院拝殿上葺大工に任じられる。ところが、翌月十八日には、奥院拝殿工事を急ぐとの理由から、萱堂よりの番匠を「一方の大工」と定める（「金剛峯寺文書」（二）—二三）。この萱堂よりの番匠は、同年十二月に「番匠兵衛次郎大工下行作料」（続宝五七—四九八）とあることから、左衛門二郎に籤で負けた兵衛二郎なのかもしれない。もしこれが事実ならば、奥院拝殿工事を急ぐため、大工職相論の当事者二人を工事に参加させたといえる。

（ロ）　文安六年（一四四九）の谷上院の湯屋大工職に関する相論では、天野番匠と又次郎が競望したが、両者とも大工職を所持した支證となるものがないため、今回に限り両者を工事に参加させ、以後は「寺家惣大工」である天野番匠に、谷上院湯屋大工職を仰せつけるという内容である（又続宝二一—一四〇）。つまり、天野番匠は「寺家惣大工」であり、この相論により谷上院湯屋大工職を新たに獲得したといえる。

（ハ）　文明元年（一四六九）の天野社再建工事では、「天野之番匠 さへ門二郎」（本殿墨書銘）とある。そのため、前述した文安六年に谷上院の湯屋大工職を取得した天野番匠は、「さへ門二郎」つまり左衛門二郎の可能性が高い。

以上のように、（イ）（ロ）（ハ）の三者は、天野番匠もしくは天野社に関連した木工であり、左衛門二郎を通称とする木工でもある。そのため、同じ家系の木工と推定される。つまり、嘉元三年の惣大工職は、その後、左衛門次郎助近の家系の木工により相伝されたと考えられる。

ところで、文明元年の「天野之番匠 さへ門二郎」は、「サエモン二郎コレワトキノトウレウ（これは時の棟梁）」とも記され（宮殿台座）、「時」の字を有している。「時の棟梁」は、「時の大工」「時大工」と同義とされ、工事を担当する木工が、その寺社等の大工職を持たない場合、その木工を表す語句として使われたとされる。（永井規男「時の大工と番匠衆」）。「サエモン二郎」は、前述したように、十四世紀初期の天野社造営を機に惣大工に任じられた左衛門次郎近助と同じ家系の木工と推定される。他方、左衛門次郎近助の家系の木工は、同時に「寺家惣大工」でもある。そのため、「寺家惣大工」としての地位が固まるとともに、天野社との関係が次第に弱まったと推測される。したがって、「サエモン二郎」は、文明元年の天野社再建では、天野番匠というよりも、むしろ「寺家惣大工」の立場から工事に参加したとは考えられないだろうか。その結果「サエモン二郎」は、「時の棟梁」と記されるようになったといえそうである。

2　高野山専属の木工

寛治七年（一〇九三）に「大工延徳」、文治五年（一一八九）に「大工 承仕深実 号随養」とあり（「奥院興廃記」）、名前から判断してこれら木工は、寺内における下級僧侶と位置づけられる（浅香年木『日本古代手工業史の研究』）。また、久安五年（一一四九）の金堂上棟では、以下の木工名が記される（又続宝一〇二―一七四一）。

木工

大工為末（以下略）

引頭二人

京工末永　山工仁助（以下略）

長十二人

京工七人　国末　国友　末次　為次　国重　為正　成永

山上工二人　暹与　義尊

山下工三人　勢仁　中寂　巧蓮（以下略）

列五十九人

京下三人　山上卅九人　山下十六人（以下略）

引頭を京工と山工が分担し、長の十二人中五人、列の五十九人中五十五人が山工（山上工と山下工の総称：山上工は、壇上伽藍・奥院伽藍・子院の群集する谷で活動した木工、山下工は、高野山膝下の寺院等で活躍した木工と推測する。なお、列五十九人とあるが、京工と山工の合計は五十八人であり一人足りない）である。このように、十二世紀中期では、工事を京工と山工（高野山専属の木工）が分担する。

また、十三世紀前期の奥院拝殿修理でも、京都より下向した物部為国等に加えて奥院番匠が関与する

（『奥院興廃記』）。

ところで、前述した嘉元三年の天野社再建における、上棟時の禄物の支給では、大工（惣大工）の次に「寺家大工二人」を記し、さらに、京番匠の引頭と長、社家大工、山下番匠を記す。そして最後に、木工ごとの支給額を記し、京番匠が百貫、寺家番匠が三十貫、山家番匠が十五貫である。おそらく寺家番匠は寺家大工を指し、山家番匠は社家大工と山下番匠を指すのであろう。つまり、この工事では、高野山側の木工集団は寺家番匠と山家番匠に二分され、その用途額から判断して、前者が後者より上位の木工集団と考えられる。また、寺家番匠は、高野山専属の木工集団の中から台頭してきた有力な木工と考えられる。おそらく、十四世紀後期から十五世紀中期にかけて、左衛門次郎助近の家系の木工と大工職相論を行った「兵衛二郎」「又次郎」等は、こうした寺家番匠に繋がる家系の木工であったのかもしれない。

この後、寺家大工や社家大工といった名称は見出せないものの、山工については、十四世紀の田畠や在家の検注に関する史料の中に見出せる。例えば、延元二年（一三三七）の「官省符在家支配帳」（又続宝八九—六三五）には、寺僧の給分と並んで山上工二人と山下工一人の給分が記される。また、その約六十年後の応永三年（一三九六）ごろの「官省符上方免家中書」（又続宝九一—一六四二）には、山上工として道善や行圓が給田を得ている。つまり、山工は、寺僧と同様に給田を得ており、その名前から判断して、前述した十一・十二世紀の高野山専属の木工と同様に、高野山の下級僧侶の身分に相当する木工と推測される。また、史料には山上工二人・山下工一人とあるが、前掲の久安五年の金堂上棟において、長・列の合計は、山上工四一人（長二人、列三九人）山下工十九人（長三人、列十六人）であり、山上工の人数が山下工の約二倍となっている。そのため、山上工と山下工の人数比に合わせて、上首の数が決められ、その上首に給田が付されたのであろう。

二　木工の系譜（十六世紀から十九世紀：応仁の乱後から江戸幕末）

前述したように、十四世紀初期の天野社造営を機に、左衛門次郎助近は「惣大工」に任じられるが、十五世紀中期の同じく天野社造営では、左衛門次郎助近の家系の木工は「時の棟梁」として造営に関わる。「時の棟梁」は、前述したように、その寺社などの大工職を所持しない木工が臨時的に任じられる職である。

では、その時点の天野社大工はだれであったのか。それを推測させる手がかりとして、天文八年（一五三九）の五室湯屋造営を手がけた「大工天野ハサマ与七」（「五室湯屋作事帳」）がいる。この「ハサマ」という名は、約半世紀遡った延徳三年（一四九一）にも「ハサマエモン五郎」（「丹生広良氏文書」）とある。しかし、この十五世紀末の時点で、この「ハサマ」が天野社の木工であったかどうかは不明である。いずれにせよ、このハサマ（挟間もしくは波砂間）氏は、こののち江戸時代末にかけて、高野山で木工として活動する。

1　大門の元禄再建

高野山の西の入り口に立つ大門は、宝永二年（一七〇五）の建立である。この大門を手がけた木工として、棟札には正大工狭間河内と権大工小佐田（長田）出羽が記される。そして、偶然にもこの棟札の草稿が残っており、そこにはもう一人の権大工と、他に長大工一人が記される（「御影堂文書」五三―五六）。

権大工小佐田出羽
高野山金剛峰寺　正大工挟間河内掾
権大工　藤兵衛
長大工　彌三郎

正大工狭間河内は、前述した「大工天野ハサマ」の後裔と考えられる。長大工彌三郎は、別の史料では小佐田弥三郎とも記されることから、権大工小佐田（長田）出羽と同じ木工家といえる。

この大門再建では、棟札の草稿から、木工の編成組織として「正大工・権大工・長大工」が採用された可能性があるが、この工事の六十年前の正保二年（一六四五）の護摩堂・孔雀堂再建（続宝五三―四八七）でも、同じような組織が編成される。

図 24　金剛峯寺大門（1705 年）
（『重要文化財金剛峯寺大門修理工事報告書』より転載）

次に記す木工名は、棟札ではなく、棟札写に記されており、信憑性に欠ける部分もあることをあらかじめ断っておきたい。

正大工　山下天野波砂間河内守資信
権大工　紀州菜倉後藤三郎衛門家正
長　　　川根藤原小佐田出羽守宗次

正大工は、大門元禄再建で正大工であった挟間河内の祖と考えられる。しかし、同時期の別の史料では、挟間氏は受領名を名乗っておらず、しかも大門元禄再建のころは、「河内守」ではなく「河内掾」を名乗る。棟札銘を書き写す際の錯誤にしては手が込んでおり、受領名に関しては明らかに作為の跡が見える。また、権大工の菜倉後藤三郎衛門家正は、五年後の慶安三年の神通寺大日堂造営（続宝五三―四八五）で、大工の「はさま太郎左衛門」の次に記される権大工菜蔵三郎右衛門家次と頭字の「家」が同じである。そのため、家正と家次は、同じ木工家（後藤氏）であり、しかもこの時期、高野山において挟間氏に次ぐ地位にあったといえる。さらに、長の小佐田出羽守宗次は、「川根」とあることから、紀伊国河根村の木工と推測される。この河根村の木工として、半世紀前の文禄四年（一五九五）の鐘楼棟札写に、大工として河根村与宗左衛門宗信と宗左衛門宗積が記される（続宝五三―四九〇）。三者とも宗の頭字を有するため、文禄四年の河根村の木工が小佐田氏の祖の可能性が高い。

ところで、万治二年（一六五九）、正・権大工に関して挟間氏と小佐田氏の間で相論が起きる（『高野春秋編年輯録』）。挟間氏は往古から、小佐田氏は天正年中から高野山で活動したとされることから、挟間氏が正大工、小佐田氏が権大工と裁断される。また、この相論から百八十年後の天保十年（一八三九）ごろ完成の『紀伊続風土記』の高野山之部の「大工」の項では、修理方の三棟梁として、慶長年間以降、正棟梁を狭間河内、脇棟梁を小佐田両家と記す。『紀伊続風土記』は後世の編纂物であるため、両家の来歴に関する部分については信憑性が乏しいものの、挟間氏を上位、小佐田氏を下位の木工に位置づける点は、万治の相論の内容と共通する。

前述したように、挟間姓の木工は十六世紀中期ごろから、小佐田姓の木工は、天正と慶長の間の文禄年間から活動したことが史料上から類推できる。そのため、『高野春秋編年輯録』や、『紀伊続風土記』に記された内容は、正確さを欠くものの、大過ないといえる。さらに、『紀伊続風土記』にある小佐田姓の木工二家という記述も、大門元禄再建で、権大工と長に小佐田姓の木工が任じられており裏づけがとれる。さらにいえば、大門元禄再建で、権大工は、上棟前ごろまでは信濃、それ以降は出羽が勤めたことから（「御影堂文書」および「勧学院文書」）、権大工に任じられるような有力な小佐田姓の木工家が複数存在したといえそうである。

2　祝儀と装束に関する相論

大門の元禄再建の上棟時に、木工の祝儀や装束に関して相論が起きる。「正大工・権大工・長大工」の編成組織にもとづいて、正大工に銀五枚・両権大工に銀三枚ずつ・長大工に銀二枚、さらに各大工に飯料米二斗ずつの祝儀を下すことに対し、権大工や長をつとめる小佐田姓の木工家が反対する（「勧学院文書」二〇七―五二）。

また、上棟式に参加する際の木工の装束について、挟間氏は、正大工は「冠束帯」、権大工は「布装束」に折烏帽子と主張するのに対し、小佐田氏は、権大工も正大工と同じ装束にすべきと主張する。おそらく、小佐田氏の主張の背景には、挟間氏が河内掾であるのに対し、自身は出羽守であり、しかも装束については、御室仁和寺の許しを得ているといった自負があったのであろう（「勧学院文書」二〇七―一一七）。それが小佐田氏の「官職相応装束」といった発言に繋がるといえよう。

この小佐田氏の言説を信じるならば、小佐田氏は京都仁和寺と深い関係を有していたといえる。また、前述したように、小佐田氏は、文禄年間に紀伊国川根出身と推測したが、さらにその祖が京都と何らかの繋がりがあった、京都系の木工なのかもしれない。一方の挾間氏は、その祖が中世末において高野山専属の木工であった可能性があり、まさに江戸時代では高野山土着の木工といえる。

以上のような推測が許されるのであれば、近世においても、中世と同様に、京都から下向した木工と、高野山専属の木工による職場をめぐる争いが繰り広げられたといえる。なお、この正大工挾間・権大工小佐田の組み合わせは、幕末の万延元年（一八六〇）金剛峰寺金堂再建工事まで続く。

第三章　伊勢神宮

式年遷宮に際し、造替工事を担当する役所に、古代では令外官・造宮使がある。造宮使は、九世紀初頭に記された『皇太神宮儀式帳』によると、長官・次官・判官・主典・木工長上・番上工で構成される。この中の木工長上一人と番上工四十人が、朝廷から伊勢神宮に派遣された、木工寮に所属する木工である。

平安時代中期に、『太神宮諸雑事記』の天喜四年（一〇五六）十一月条の「三頭の工等に饗禄を給う」という記事から、十一世紀中ごろ、木工寮に所属する木工に代わって、伊勢神宮専属の木工（本書では神宮工と呼ぶ）の活動が明らかとなる。他方、このころ、造宮使の管理下に造宮所と呼ばれる正式機関が設置され、さらに、神宮工を管理し、実際の工事実務を担当する作所と呼ばれる非正式機関も設置される。

ところで、中世から近世にかけて、神宮工は、内宮に四十四人・外宮に三十三人いる。十一人ずつ四グループ（外宮では三グループ）に分け、それぞれのグループを「方《かた》」と呼ぶ（一頭方・二頭方のよ

図25　伊勢神宮内宮正殿（写真提供：神宮司庁）
690年より現代まで、中世末に100年近く中断するものの、約20年ごとに式年遷宮が行われる。

うに番号を付して呼ぶ)。方の頭を頭工《とうく》と呼び、それ以外の十人の木工を小工《こだくみ》と呼ぶ（小工の中の頭を頭代《とうだい》と呼ぶ)。そのため、「三頭の工等」が、一頭方から三頭方までの頭工と小工を意味するのか、それとも三頭方の頭工と小工を意味するのか等、詳細は不明である。しかし、いずれにせよ、それまでの木工寮所属の木工から、伊勢神宮専属の木工へと、その工事を担う技術者の身分が官から民へと変化したといえる。

十二世紀末の建久元年（一一九〇）の内宮式年遷宮（以下、式年遷宮を〇〇年度と記す）から、神宮工の名前が具体的にわかるようになるが、このころは、神官が神宮工を兼務したことが確認される。

また、内宮の頭工は、荒木田・磯部・度会の三氏によって占められる（度会姓は外宮関係者に多いが、嘉元二年〈一三〇四〉度内宮では、一頭方の頭工が度会姓である）。さらに、十四世紀になり、大工職補任状の発給が始まると、これら三氏に加えて橘・宇羽西・中臣等の姓が見出せる。

そして、工事のための労働組織を意味した「頭工・小工」制が、十四世紀以降では、大工職を意味するところの「頭工・小工」制へと変化する。この大工職は、特定の木工の家系で世襲されるようにもなり、また、売買の対象ともなる。さらに、十五世紀になると、有力な木工家等が、利権化した「大工職」を複数取得するようになる。ここでは、有力な木工家の中から藤井氏と欅氏を例に、大工職の継承の実態について述べる。

一　藤井氏について――中世を中心に

外宮の三頭方の頭工といった神宮工の要職を、中世から近世にかけて継承したのが藤井氏である。また、藤井氏は、同時期に外宮御師としても活動する。

その活動の様子が「宮後三頭大夫文書」（神宮文庫蔵）から読み取れる。「三頭大夫」とは御師の屋号で、外宮の三頭方の頭工を代々世襲したことから付けられ、また、伊勢市宮後に住んでいたため宮後三頭大夫を名乗る。藤井氏は、外宮の三頭方の頭工を享和二年（一八〇二）に中西氏へ譲る（「文化遷宮山口祭記」)。そして、文政十二年(一八二九)までに、御師の檀那である九州の大村藩に被官し、それにともない藤井姓から黒瀬姓に変わる。以後、黒瀬氏は、大村藩内の工事に宮後三頭大夫を名乗って参加する。

「宮後三頭大夫文書」は、中世末の永禄四年(一五六一)から明治期に至る、百点以上の文書から構成される。おそらく、この文書の残存期間が藤井・黒瀬氏の御師としての活動時期と重なるのであろう。この文書の中に、「造外宮三頭職補任下知状」(以下「下知状」と略す)があり、中世から近世初期に至る大工職補任状八点が所収される。その補任状に記された神宮工の名前は次のとおりである。

イ．延文五年(一三六〇)藤井近郷
ロ．応安六年(一三七三)　近里
ハ．応永三年(一三九六)藤井近家
ニ．応永六年(一三九九)三頭之父故大夫太郎近意
ホ．永正九年(一五一二)藤井近俊→藤井近定
ヘ．永禄二年(一五五九)藤井近定→藤井近昌
ト．天正十三年(一五八五)藤原(井)近昌→藤原(井)近供
チ．慶長十五年(一六一〇)藤原近供→藤原近清

(→は、大工職の移動を意味する。)

外宮では、内宮に比べ神宮工に関する資料が少ないため、この「下知状」は、外宮工の歴史を知る上で非常に貴重なものといえる。ただし、こうした系図に関する文書類は、Ⅱ—第一・二章で詳述した場合と同様に偽物が多いため、神官等が作成した遷宮記等をもとに、その記述内容を確認する必要がある（図26参照）。

まず、十四世紀後期のイとロの時期には、外宮三頭方頭工に「近沢」が任命されており（「康暦二年外宮遷宮記」）、この二点は偽物といえる。遷宮記には「近沢」の姓が記されていないため、藤井姓であるかどうかも不明である。また、十四世紀末期のニと十六世紀初期のホは、傍証資料が不足しており、正偽の判断が出来ない。一方、その他の補任状に記された近家（「応永二十九年外宮仮殿遷宮記」）・近定（「永禄記」）・近昌（「永禄記」）・近供（「慶光院文書」）・近清（「頭工補任記」）は、同時代の遷宮記等で確認できることから実在したといえる。そのため、藤井氏は、十四世紀後期の近家のころから「近」を頭字とする神宮工であったといえる。

なお、十三世紀前期に「近重」（「嘉禄山口祭記」）、十四世紀前・中期に前述した「近沢」と、「近」の頭字を持つ神宮工が見出せるが、残念ながら姓が不明である。もし藤井姓の神宮工かそれに関係する神宮工ならば、藤井氏の来歴は百五十年以上遡ることになる。

ところで、「下知状」には、何故か十五世紀の大工職補任状だけが欠落する。そこで、十五世紀における神宮工の大工職の移動を同時代の遷宮記等で確認する。すると、外宮一頭方の頭工が応永二十

［外宮三頭方頭工］

近重（1227）
↓
近沢（1321～1373）
↓
藤井近家（1396～1434）
↓
藤井近次（1443）

［外宮一頭方頭工］
藤井近次（1422）
↓
近弘（1434～1443）
↓
近持（1452）

藤井近次（1443）
↓
藤井近里（1452）
↓
藤井近定（1515～1555）
↓
藤井近昌（1559～1585）
↓

（源兵衛家）
藤井近供（1585～1610）
↓
藤井近清（1610～1627）
↓
藤井近延（1627～1667）

（文左衛門家）
［内宮二頭方小工］
↓
藤井近安（～1669）
↓
藤井近忠（1669～）

図26　神宮工の系譜
本章で取り上げた神宮工の中で、史料上その活動が確認のできる年号を（ ）に記す。

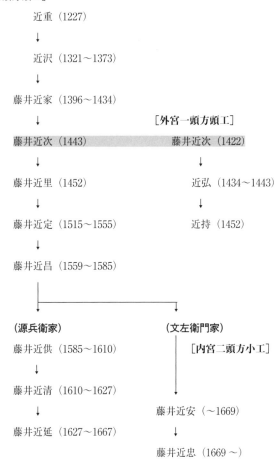

九年（一四二二）に藤井近次（「応永廿九年外宮仮殿遷宮記」）とあり、その後は姓が不明であるが、永享六年（一四三四）に「近弘」（「頭工引付」）、享徳元年（一四五二）に「近持」（「頭工引付」）と十五世紀中期まで「近」を頭字とする神宮工が続く。一方、同じ時期の三頭方の頭工をみると、永享六年に藤井近家（「頭工引付」）、嘉吉三年（一四四三）に近次（「頭工引付」）、享徳元年（一四五二）に近里（「頭工引付」）となる。そのため、これら神宮工は、同じ家系と推測することも可能である。さらに、一頭方の近次と三頭方の近次の活動時期が、史料の上では二十一年と近いため、この二人を同一人物と仮定することも可能である。そして、この仮定が事実だとすると、藤井氏は、「下知状」に名前の記されなかった十五世紀において、三頭方以外の頭工を所持した可能性があるなど、むしろ、神宮工として大きな勢力を有していたといえそうである。

式年遷宮の中断

戦国時代の混乱期に、式年遷宮は百年以上にわたり中断する。内宮では寛正三年（一四六二）度から、外宮では永享六年（一四三四）度から永禄六年（一五六三）度まで、正殿は建てられない。そして、天正十三年（一五八五）度に、慶光院周養の勧進により、内宮と外宮で式年遷宮が行われる。その時の社殿と現在の社殿の関係について、神社建築の泰斗である福山敏男は、「今の正殿は戦国時代廃絶のあとを受け、天正十三年度に古記録に準拠して復興された形式である」（『伊勢の神宮』）

と指摘する。

ところで、この天正年間に、伊勢神宮に対し大工職破棄令が出されるが（豊田武『座の研究』他）、前述した藤井氏のように、この大工職破棄令に関係なく、江戸時代においても神宮工として活動した木工は少なくない。そのような神宮工として、次に櫟氏について述べる。

二　櫟氏について

櫟《くぬぎ》氏の神宮工としての活動を示す史料に、寛正六年（一四六五）の内宮の四頭方小工職を荒木田氏に譲る許状等（「造内宮工補任引付・同忌鍛冶補任」神宮文庫蔵。以下「引付」と略す）がある。これにより、櫟氏は、応仁の乱の直前の内宮寛正三年度には活動していたと推測される。その後、延徳二年（一四九〇）にかけて内宮一・二頭方小工職を取得し（「引付」）、天正十三年には櫟姓の神宮工として家吉・伊定・伊清・盛継が見出せる（「慶光院文書」）。

ところで、十六世紀後期から十七世紀中期にかけて活動した神宮工の系譜をまとめたものとして、内宮では「自天正以下鋪《（ママ）》任系図」（神宮文庫蔵。以下「天正」と略す）、外宮では「頭工補任記」（内閣文庫蔵。以下「補任」と略す）がある。両書とも後世の編纂物であるため、同時代史料をもとにその内容を確認する必要がある。ここでは、これら史料を中心に、家吉・伊定・伊清の三家について述べる（「天

図27　立柱祭（写真提供：神宮司庁）
小工が柱にある貫の小口を木槌で打ち固める。

正」や「補任」をもとにした記述、または、各遷宮記をもとにした記述の場合、その典拠は略す）。

（i）　家吉（家吉→光吉→光茂）

天正三年（一五七五）内宮仮殿遷宮に際し、彦八郎家吉が一志万五郎から内宮三頭方小工職を買得する（「引付」）。その後、寛永四年（一六二七）に家吉から子の松兵衛光吉へ、寛永二十一年に松兵衛（与三兵衛）光吉から子の松兵衛光茂へと、内宮三頭方小工職が父子間で移動する。また、光茂は、別の内宮三頭方小工職も買得しており、二つの三頭方小工職を所持する。

ところで、「萬治元年（一六五八）内宮回禄記」（内閣文庫蔵、以下「回禄記」と略す）に、三頭方小工職を二つ所持する神宮工として「一ノ木与三兵衛」を記す。前述した家吉は、「一の木」とも称しており、光吉の通称は与三兵衛

図28　上棟祭（写真提供：神宮司庁）
棟木から伸ばされた綱を引いて棟上げの所作をし、屋上の小工が棟木を木槌で打ち固める。

である。そのため、小工としての活動時期を勘案すると、「回禄記」に記された「一ノ木与三兵衛」は光茂であり、小工職を二つ所持したことが裏づけられる。

(ii)　伊定（伊光→伊定→□→伊貞）

天正三年内宮仮殿遷宮に際し、伊光は伊定へ内宮四頭方小工職を譲る。また、天正十三年度に外宮三頭方小工として伊定が見出される（「慶光院文書」）。両者は活動時期が近いため、同一人物と推測され、内・外宮両方の小工職を所持したといえる。その後、寛永三年に伊定から幸福内匠光廣へ、寛永二十一年（一六四四）に光廣から道明伊兵衛伊貞へ内宮四頭方小工職が売却される。

ところで、伊定は「道妙与九郎伊定」とも記される。そのため、伊定と伊貞は、同じ頭字で、同じく「道妙（明）」を名乗っており、同じ家系の木工といえる。さらに、万治元年（一六五八）の「回祿記」に、内宮四頭方小工として「八日市場伊兵衛」が見出せるが、伊貞が万治二年臨時遷宮で活動することから、伊貞を指すのかもしれない。

(iii)　伊清（伊次→伊清）

天正十三年度に、六郎衛門伊次は花衛門伊清へ内宮四頭方頭代職を譲る（「慶光院文書」）。また、外宮三頭方小工として「六郎左衛門子伊清」が見出せる（「天正年中頭工補任記」）。これら六郎（左）衛門は同一人物と推定され、その子伊清は内宮頭代職と外宮小工職といった内・外宮両方にわたって異なる大工職を所持したといえる。

以上のように、櫟氏は、式年遷宮が中断する直前に行われた寛正三年度内宮において、初めて神宮工としての活動が確認され、その後、江戸時代にかけて内・外宮の頭代職や小工職を複数所持したといえる。

三　近世の式年遷宮

中世末の式年遷宮の中断後、初めて内宮・外宮の式年遷宮が行われたのが、前述した天正十三年度である。この天正十三年度は、中世に行われた式年遷宮とはいろいろな点で相違する。例えば、現代ならば一年半以上かかる立柱祭から遷御までを、約二ヵ月と非常に短期間で行う。ただし、これは極めて異例のことであり、次の慶長十四年（一六〇九）度からは、江戸幕府により旧に復される。そして、この慶長十四年度が、以後約二百六十年続く江戸時代の最初の式年遷宮となる。

ところで、江戸時代に活動する木工家の多くが、この式年遷宮の中断していた時期に神宮工に任命されている。例えば、北（来田）・久保倉・谷の各氏等があげられる。また、慶長度より活動が見出される木工として、杉木氏等があげられる。杉木氏は、その後、十九世紀初期まで内宮一頭方の頭工等をつとめる等、有力な木工家として存続する。

そして、寛文九年（一六六九）度は、中世末から始まった慶光院による造替工事への関与が停止されるとともに、木工の組織にも変化が起こる。それは、小工九人の中で、上位三人を「工老」（上から一工老・二工老・三工老）と呼ぶようになったことである。前述したように、伊勢神宮では江戸時代においても、頭工・頭代・小工に任命されるには、補任状が必要である。しかし、「工老」の場合、こうした補任状の発給は無く、あくまでも木工の組織内で通用した職名といえる。そして、式年遷宮を一度もしくは二度経た後に、小工の中の有力者が「工老」に任じられる。

この「工老」に任じられる経緯を、式年遷宮を三度経験した数少ない木工の一人である、外宮一頭方小工の伊藤庄三郎宗次を例に述べる。宗次は、宝永六年（一七〇九）度に初めて小工として名前が見出せ、享保十四年（一七二九）度、寛延二年（一七四九）度と三度式年遷宮に関与し、寛延二年度では一頭方の「一工老」をつとめる。そして、次の明和六年（一七六九）度では、おそらく宗次の親族と考えられる伊藤三四郎宗富が一頭方小工として見出せる。宗富は、次の寛政元年（一七八九）度において、かつて宗次が任命された一頭方の「一工老」をつとめる。つまり、式年遷宮を経験した小工の中から、有力者が「工老」に任じられ、また、その親族も式年遷宮を経た後に「工老」に任じられたといえる。

再び藤井氏について——江戸時代初期

慶長十年（一六〇五）ごろ、藤井氏には、源兵衛家と文左衛門家の二家があり、前に掲げた大工職補任状ト・チに記された近供は源兵衛家当主である。

大工職補任状チには、慶長十五年に近供から近清へ大工職が移動したと記される。そして、近清は、寛永四年（一六二七）に、外宮三頭方頭工職の他に外宮三頭方小工職も所持し、これら大工職を近延に譲る（「補任」）。一方、文左衛門家の宮後文左衛門近安は、寛文九年に文左衛門近忠へ内宮二頭方の小工職を譲る（「天正」）。こうした内容を裏づける史料はないものの、「天正」や「補任」が寛文期前後に作成されたと推測されることから（拙稿「小工の系譜について」）、錯誤等は入りにくいと考えられる。

そのため、藤井氏は、十七世紀において、外宮三頭方頭工職の他に、内宮と外宮の小工職を一族で所有するなど、この時期においても有力な木工家であったと考えられる。

四　大工職の補任状と補任料

神宮工に任命されるまでの手続きは、次のとおりである。

まず、造宮使から神宮側へ神宮工を選ぶ命が下され、その命を受けて作所から木工らへ古い補任状を提出せよとの触が出される。そして、提出された補任状をもとに、作所は姓名注文（木工の名簿）を作成し、造宮所へ送る。造宮所では、その姓名注文をもとに新たに補任状を作成し木工等に渡すが、その際、木工は多額の補任料を造宮所に支払う。

伊勢神宮では、式年遷宮の影響によるのであろうか、中世から近世末期に至るまで補任状が発給され続ける。そこで以下、伊勢神宮が発給した大工職補任状と、その補任状を得る際に支払う補任料について述べる。

1　大工職補任状

伊勢神宮では、大工職が鎌倉時代から南北朝時代にかけて次第に成熟したとされ、そのころより大工職補任状が見出せる。また、大工職補任状が作成されるようになるということは、裏を返せば、それまで造宮所が担っていた神宮工の任免権が、神宮側（作所）に移ったことを意味するといえる。
現存する大工職補任状の中で最も古いのは、内宮元享三年（一三二三）度に作成された次の二通（写し）である。

（イ）

下す　橘　行末

工等の任符案

早く先例に任せ神役一頭方小工を勤仕すべき事

右　当職労工国益闕替と為し、神役を勤仕せしむべきの状、件の如し。以て下す。

正和三年六月廿五日

禰宜荒木田神主判

在判

（ロ）

当職労工国益他界の間、権宮掌行末を以て、其の替えと為す、神役を勤仕すべし。
其旨を存せられるべしてえり、四殿（禰宜仲成）の仰せに依って執達件の如し。

正和三年六月廿五日　権禰宜行有奉

一頭大夫殿

二通とも、正和三年（一三一四）に国益に替えて橘行末を一頭方小工に補任する内容である。（イ）は、禰宜から木工（橘行末）宛ての下文、（ロ）は、権禰宜行有が四殿（禰宜仲成）の命を受け一頭方の頭工に宛てた奉書である。この橘行末は（ロ）に「権宮掌」とあることから、神官出身の木工といえる。

このように十四世紀前期ごろ、補任状は二種類あり、一つは木工宛の下文（イ）、もう一つは、その木工が所属する方の頭工宛ての奉書（御教書）（ロ）である。そして、これら補任状の発給が契機となったのであろう、この時期より新しい木工家（橘氏・宇羽西氏等）の参入が始まる。

さらに、延文三〜五年（一三五八〜六〇）ごろ、造宮所が作所奉行宛に発給した大工職補任状が見出せる（「造宮筆海鈔」）。これと同じ書式の補任状が、貞治二年（一三六三）に編集された『遷宮例文』にも、大工職補任状の雛形として記される。また、「引付」には、十五世紀の三十年代から六十年代にかけて、前述した大工職補任状の雛形に沿った形式の補任状（後述する（ニ））が見出せる。

文明四年（一四七二）の内宮四頭方頭工の場合、次の三種類の文書が発給される。

（ハ）

文明四年壬辰

造内宮四頭職の事、中臣弘次の闕替の職を以て、中臣弘正を補せらるるべきの由、御披露有るべく候。恐々謹言

（ニ）

御判

四月廿二日　　　　氏経　判

藤波美濃守（氏保）殿

造内宮四頭職の事、中臣弘次の闕替の職を以て、中臣弘正を補せらるるべきの由、造宮所の仰せ候也。存知有るべく候。恐々謹言

文明四年五月三日　　権禰宜荒木田氏保　判奉

謹上　作所殿

（ホ）

造内宮四頭職の事、中臣弘次の闕替の職を以て、中臣弘正を補せらるる所也、よって先例に任せ神役を勤仕せしむべきの由、造宮所の御下知かくの如し。宜しく旨を存知すべし。作所殿（荒木田氏経）の仰せによって、執達件の如し。

文明四年五月十二日　（宇羽西）常延　判奉

内宮頭工御中

（ハ）は、作所奉行荒木田氏経が造宮所に宛てた、中臣弘正を内宮四頭方頭工に推薦する挙状。（ニ）は、作所奉行の推薦した木工が、四頭方頭工として造宮所により承認されたことを作所奉行に伝える

御教書。（ホ）は、中臣弘正が内宮四頭方頭工として造宮所に承認されたことを、内宮の頭工等に伝える奉書である。

つまり、十五世紀後半期になると、大工職に補任されるには、次の三種類の補任状が必要になったといえる。

・作所奉行が発する挙状：（ハ）　作所→造宮所
・造宮所が作所奉行宛に発する奉書（御教書）：（ニ）造宮所→作所
・木工が所属する方の頭工宛ての奉書（御教書）：（ホ）造宮所→神宮工

そして、これら大工職補任状の中の、特に（ハ）と（ニ）は、こののち幕末まで発給される。

2　大工職補任料

補任状の発給の際に補任料を支払うが、その額は、工揃《たくみぞろ》えの場合と、大工職の交替の場合により異なる。また、神宮工に補任されるには、神官等の推薦が必要であり、内宮工四十四人の推薦枠が、大宮司一人、造宮所二人、長官（一禰宜）三十二人、傍官（二〜十禰宜）それぞれ一人と定められている。

(一)　工揃え

式年遷宮の最初の儀式である山口・木本祭を行う際に、工事に参加する神宮工の名簿（姓名注文）が作所によって作成される。この名簿は造宮所に送られ、造宮所がその名簿にもとづいて大工職の継目補任（工揃え：補任状の更新）を行う。この名簿は、各神宮工が相伝した大工職補任に関する文書をもとに作成される。この名簿作成に対して支払う補任料について『遷宮例文』は次のように記す。

・各神宮工は、作所に任料として一貫二百文（作所の得分が一貫文、書類作成費用が二百文）を納める。

・惣頭工中（おそらく神宮工が所属する頭方、もしくは神宮工全体）から造宮所へ、礼分として十貫文を納める。

こうした記述の次に、前述した（二）の補任状の雛形を記す。そのため、これら補任料の納入が、この補任状の発給のための対価といえる。また、これら任料や礼分は時代により異なり、例えば、弘治四年（一五五八）では、小工の補任料が一貫二百文から九百五十文に減額される（「永禄記」）。さらには、寛正五年（一四六四）の饗料（神宮工へ支払う報酬）の支払いでは、神宮工が作所に納める任料分を引いて、饗料が支払われることもあった（「引付」）。

そして神宮工は、自分を推薦してくれた神官等へも補任料を支払う。内宮元亨三年度では、長官の推薦を得た場合は、長官へ二貫文、傍官の推薦を得た場合は、各自の推薦をしてくれた傍官に二貫文を支払う。この額は、前述した作所や造宮所への任料・礼分と同様に時代により異なり、内宮文安二年（一四四五）仮殿遷宮では、傍官へ五百文、さらに「惣工ノ中」から長官へ五貫文が支払われる。

（三）大工職交替

造替工事ごとに工揃えが行われるのに対し、造替工事の途中、もしくは、造替工事が行われていない時期に大工職が交替する場合がある。その理由としては、木工の老齢や死去によるもの、さらには木工自身の金銭的な問題による大工職売買等があげられる。

この大工職が交替した場合の任料は、自分を推薦してくれた神官が長官の場合、内宮元亨三年度では、一頭方頭工と二頭方頭工は長官に十貫文を支払う。さらに、この一頭方頭工は、他に口利きをしてくれた神官がいたため、その神官に、家一軒と畑一ヵ所といった多額の礼分を支払う。そして、三頭方頭工は競望者がいたため高額の二五貫文、四頭方頭工は八貫文、小工は五・七・十貫文の何れかを支払う。他方、文明六年（一四七四）には、一頭方頭工の大工職が売買の対象となり、五十貫文という高額で取引される（「引付」）。

また十五世紀後半、補任状発給の際に、作所の推薦を得るには、小工で十貫文と過分の礼が必要であり、頭工ではその額の「一倍沙汰」必要であったとされる。この作所への礼分は、文明十九年（一四八七）では、一貫五百文～一貫八百文と作所の挙状（八）に記される。

江戸時代では、例えば寛政元年（一七八九）度、大工職が交替した場合の任料は、頭工が二十両、頭代が十二両、小工が四両である。そのため、所属する頭方による差異はなくなるものの、頭代とそれ以外といったように、小工内部において補任料に差異が生じる。

第四章　北野天満宮

十三世紀前期より木工の存在が確認され、十三世紀末では「大工以下の工四人」が活動する。そのち木工の名前が具体的にわかるようになり、十四世紀後期に「為」の頭字を共有する木工（為国・為重・為成）、十五世紀中・後期に「弘」の下字を共有する木工（成弘・定弘・貞弘）が活動する。

ここでは、中世後期から近世初期にかけての木工の活動について、十五世紀後期から豊臣政権による大工職撤廃令まで、大工職撤廃令後から十八世紀初期までに分けて述べる（『北野社家日記』をもとにした記述の場合、その典拠は略す）。

一　木工の系譜——十五世紀後期〜十六世紀後期の大工職撤廃令まで

延徳二年（一四九〇）に御大工「太郎左衛門尉貞弘」と見出せるが、四年後の明応三年（一四九四）正月十一日に「上意により大工職を改めるべき事也」とあることから、御大工が交替したと推測される。また、明応六年三月十四日に、公方（足利義高）より「宝殿高棚前机礼盤」等が北野天満宮に進呈され、それにともない「公方御大工新左衛門」が、「ヌリ金物悉皆」を担当するようになる（「北野神社文書」）。おそらく、前述した上意による大工職交替は、上意すなわち室町幕府将軍の命によるものと推測され、後に北野天満宮の造営工事に、公方御大工が加わる。

そして、永正十五年（一五一八）正月四日に「大工参十疋、源三郎十疋、弁慶父子十疋宛出之」とあり、弁慶姓の木工が初めて見出せる。弁慶は、この年の八月下旬に地方へ材木の買い出しにも出かける。ところで、正月四日の弁慶父子への下行額は、大工よりも少なく、源三郎と同額である。弁慶氏の由緒（後述する）を考慮するならば、下行額が少ないように思われる。おそらく、弁慶父子が北野天満宮に仕え始めてからあまり年数が経っていないため、少額なのであろう。

弁慶氏について

弁慶氏は、これより近世初期にかけて北野天満宮で活動を続けるが、ここで北野天満宮以外の活動を紹介しておきたい。

延徳元年（一四八九）の東山殿会所工事に「弁渓棟梁」（『蔭涼軒日録』）と記されるため、弁慶は、室町幕府、特に将軍義政と深い繋がりがあったようである。また、天正二十年（一五九二）に、洛中の有力木工集団の「大く十五人衆之内」（「上京文書」）に記される新五郎は、弁慶新五郎と推測されている（谷直樹前掲著書）。さらに、慶長十年（一六〇五）ごろにはすでに徳川家との繋がりがあったとされ、中井の下で棟梁衆を勤める。そして、十七世紀後半、池上・矢倉とともに「京棟梁三人」等と称され、また、中井役所では幕府から扶持を拝領したために「御扶持人棟梁」と呼ばれるなど、中井配下の棟梁衆の中でも高位の木工家といえる。

このように、弁慶氏は、室町幕府・豊臣政権・江戸幕府といったように、時の為政者等と深い関係を築きながら、建築活動を続けた木工家といえる。

話を十六世紀前期の北野天満宮に戻す。

天文八年（一五三九）十一月三日の本殿上棟では、前述した「太郎左衛門尉貞弘」に連なる家系の木工と推測される御大工太郎左衛門が、正月と同様に手斧打ちの儀を行い、その後、「（棟梁）二郎左衛門・源三郎・やりや」（『目代日記』）の三人が棟打ちの儀を行う。この棟梁の「二郎左衛門」は、約五ヵ月前の同年六月十七日に「棟梁弁慶次郎左衛門宗安」（『室町幕府引付史料集成』）とあることから、弁慶次郎左衛門であり、すでに棟梁に任じられていたといえる。そして、天文八年の本殿上棟の際には、御大工と同様に棟梁にも御馬や太刀が祝儀として下される。そのため、この時期の北野天満宮では、棟梁と呼ばれる大工職、つまり棟梁職が存在したと推定できる。後述するが、この記事以降、毎年正月の社頭事始並びに松梅院事始に際し、祝儀を得る木工の記述が、「大工」から「両御大工」等へと変化する。つまり、北野天満宮では、天文八年以降、御大工職と棟梁職が並存したといえる。

ところで、弘治三年（一五五七）四月四日に「本大く親子、へんけい三人まいる、本大く子を跡めとしてめしつれ、礼にまいる」とある。この本大工は、御大工職を所持する木工であり、御大工職を子に譲ることが認められたため、棟梁である弁慶をともなって松梅院に礼に訪れたといえる。この本大工は、天文八年の記事に見える太郎左衛門本人もしくはその家系に連なる木工と考えられる。

他方、弁慶も棟梁職を永禄二年（一五五九）に子に譲る。しかし、その譲渡は、大工職を半分ずつに分けて、子の新五郎と番匠新左衛門に与えるという変則的なものであり、そのため、幕府の「折檻」を受ける。後に、子の新五郎へ棟梁職を「一円如元」譲るものの、「一途之間」祝物等の半分を番匠新左衛門に与えるよう幕府より命じられる。

このような横槍を入れるような要求を、幕府や弁慶氏に認めさせた番匠新左衛門は、おそらく当時の有力な木工の一人であったと推測される。この新左衛門に比定することが可能な木工として、次の二人をあげることができる。

まず、天正元年（一五七三）禁裏御大工中務分（中務については、Ⅱ—第五章参照）に任じられた鐀屋新左衛門があげられる。鐀屋新左衛門は、永禄十年（一五六七）、当時の幕府御大工右衛門定宗や惣官木子六郎太郎宗久との間で、禁裏御大工中務分に関する相論を起こしており、おそらく禁裏に関係する有力な木工であったと考えられる。また、北野天満宮では、前述した天文八年（一五三九）の本殿上棟に参加した「やりや」等、十六世紀に「鑓屋《やりや》」を名乗る木工が活動する。そのため、番匠新左衛門が鑓屋新左衛門であった可能性がある。

もう一人は、前述した明応六年の「公方御大工新左衛門」である。ただし、年代が半世紀以上離れているため、「公方御大工新左衛門」本人もしくはその子孫と推測される。もし、この推定が正しければ、新左衛門は弁慶氏と同様に、公方大工もしくはその系譜上にある木工であり、前述したような要求を出せる立場にあった木工といえる。

番匠新左衛門が、禁裏関係の木工「鑓屋新左衛門」であるのか、それとも、弁慶氏と同じく室町幕府関係の木工「公方御大工新左衛門」本人もしくはその子孫であるのかについては断定できない。他方、後述するが、本大工は禁裏との関係が深く、その本大工が大工職の子への譲渡を認めてもらう意味もあったのか、弘治二年十二月晦日に、鑓屋をともなって松梅院へ物品を進上する。つまり、本大工と鑓屋は既知の間柄であり、かつ本大工は禁裏との関係も深い。対して弁慶は、室町幕府と関係が深く、両者はライバルのような関係にあったといえる。そのため、弁慶と棟梁職を争った木工は、まさにそのライバル関係にあたるところの鑓屋新左衛門の可能性が高いといえる。

この後も、番匠新左衛門と弁慶新五郎宗久との間で、大工職相論が続いたが、永禄六年（一五六三）に、新五郎が大工職を永代にわたり一円存知すべき御教書が、北野天満宮別当である竹内門跡より発給されたことから、この大工職相論は一応の終結をみたといえる（仏教大学図書館蔵「北野宮寺大工職関係文書」)。ただし、二十年後の天正十一年(一五八三)に、大工職等の新五郎への譲渡を認める下知状が、前田玄以によって発給されており(「玄以法印下知状」)、現存する史料の上には現れないものの、大工職相論は天正年間半ばまで続いた可能性は否定できない。

以上のように、御大工職は、十五世紀中期より同じ木工家により継承され、十六世紀中期ごろの棟梁職の設置にともない「本大工」とも呼ばれる。一方、棟梁職は、公方大工の由緒を有する弁慶氏が所持する。しかし、番匠新左衛門が、棟梁職を競望したため、一時的に「彼大工職半分」を番匠新左衛門に所持させており、これが後に大工職相論の原因の一つとなったといえる。

二　木工の系譜――大工職撤廃令後〜十八世紀初期

ここでは、慶長十二年(一六〇七)の社殿造営を境に、その前後における大工職の移動について述べる。

1　慶長年間の社殿造営まで

天正十八年(一五九〇)六月五日に、北野天満宮の東門が完成し、旧東門が松梅院へ移された。ところがこの日、「本大工新四郎」は内裏に参上しており、松梅院のもとに参じることが出来なかった。

図29　北野天満宮社殿（1607年）

そのため、三衛門と棟梁が代わりに松梅院に参じている。このことから、北野天満宮では、大工職破棄令後においても、本大工つまり御大工と、棟梁が並存したといえる。また、「本大工新四郎」は、北野天満宮の旧門の移築よりも、参内を優先しており、禁裏関係の木工であった可能性が高い。

一方、慶長四年（一五九九）の社頭における正月事始に際して、祝儀を得た木工として「ヤリ屋五郎左衛門尉」がいる。この「ヤリ屋」を名乗る木工には、前述した天文八年（一五三九）の本殿造営における「やりや」等がいる。また、翌年の慶長五年正月十日に、「当坊大工に明日の御手斧始の米二石渡す、請取に来る、当年は一石五斗に定め、来年より二石ずつと申定、昔は三石にて候へ共、当代より此分也」とあり、正月事始の祝儀米一石半を、「当坊大工」つまり松梅院大工の名目で渡したことがわかる。この後、「ヤリ屋五郎左衛門尉」は、「岩倉五郎左衛門尉」と記され、松梅院の依頼により、広間の工事や万灯の台の修理等を行う。

後述するが、慶長四～九年にかけて、御大工と棟梁が原則隔年で、松梅院における正月事始に際し饗応を受けるのに対し、慶長四～八年にかけて、「ヤリ屋五郎左衛門尉」は毎年松梅院より祝儀を得る。そのため、この時期、北野天満宮に関係する有力木工として、御大工と棟梁の他に、松梅院大工である岩倉五郎左衛門尉がいたといえる。

しかし、慶長十二年（一六〇七）の社殿造営により、この関係が大きく変わる。

工事は、八月二日に手斧始、十月九日に柱立が行われた。そして、新たに北野宮寺御大工職が設けられ、その大工職に弁慶が補任されることに対し、将軍秀忠や竹内門跡等の内諾を得たことが、十一月十二日に松梅院へ伝えられる（『目代日記』）。ところが、十二月十三日の棟上に際して、弁慶と松梅院大工岩倉五郎左衛門尉が争い、結局、両者ではなく「秀頼様大工和泉」が槌を打つことになる（『北野天満宮史料　遷宮記録一』）。

棟札の作成――事実と異なる木工名

この社殿造営に際し、慶長十二年十二月吉日の年月日を有する棟札が作成される（『社寺の国宝・重文建造物等棟札銘文集成・近畿編』）。そこには、

御　大　工　藤原森田和泉守重次（花押）

当社御大工　岩倉五良左衛門（花押）

神事奉行　松梅院法印禅昌（花押）

とあり、「秀頼様御大工」である森田和泉守重次や、棟上の際の相論の当事者である岩倉五郎左衛門尉は記されるが、もう一方の当事者で、すでに北野宮寺大工職に補任された、もしくは補任されることが内定していた弁慶は記されない。

この棟札に記すべき木工名については、十二月三日付の片桐貞隆が松梅院に宛てた書状（「筑波大学所蔵文書」）に、その経緯が詳しく記される。それによると、秀頼様御大工和泉の他に「前々より之御大工」の名前を載せたいとの片桐貞隆の申し出に対し、松梅院禅昌は、北野宮寺大工職に補任、もしくは補任される予定の弁慶に代えて、あえて松梅院大工岩倉五郎左衛門尉を推したことがわかる。

また、棟札には岩倉五郎左衛門尉の肩書きを「当社御大工」と記すが、後述するように、この時期、まだ岩倉五郎左衛門尉は北野宮寺大工職に任じられていない。そのため、この棟札の文面には、松梅院禅昌による作為の跡が見える。つまり、本来は棟札に記すべき木工名の代わりに、松梅院に出入りするものの、未だ「当社御大工」に補任されていない木工名をあえて記したといえる。

木工名を知る手がかりとして、棟札は欠かせない。北野天満宮の慶長十二年の社殿造営に関しては、多くの関連資料が残っていたため、棟札の作成の経緯がある程度わかる。しかし、その他の多くの工事に際しては、棟札が作成されることは少なく、また、作成されたとしても、火災により焼失したり、増改築等の際に紛失など、棟札が現在まで残る確率は低いといわざるをえない。そのため、どうしても現存する棟札の内容を検証もせずに、もしくは、他に検証するための史・資料がないために、事実ととらえがちである。この北野天満宮の慶長度造営の事例を踏まえるならば、棟札の内容の真偽について、可能な限り検証を行う必要性があるといえよう。

なお、伊藤延男は、「棟札は一定の限界をもつ情報」と述べ、棟札の内容が必ずしも事実を表すとは限らない点を指摘する（『新建築学大系』第五十巻「歴史的建造物の保存」）。

話をもとに戻そう。その後、慶長十六年十二月二十六日に、弁慶近江（岩倉五郎左衛門尉は、一時「弁慶近江」を名乗るが、何故、岩倉から弁慶に変えたかは不明。）に対し「当社ノ御大工職之儀」について、弁慶仁右衛門と隔年でつとめることが提案され、この後、中井大和守の返事を待って承認される。前述したように、弁慶仁右衛門は、すでにこの時点で北野宮寺御大工に補任されていたと推定される。そのため、松梅院は、弁慶近江こと岩倉五郎左衛門尉を北野宮寺御大工に任じるため翌二十七日には別当に申し入れを行う。そして慶長十七年正月六日に、岩倉五郎左衛門尉は北野宮寺御大工に補任される（これを機に、弁慶近江改め木子近江を名乗る）。ただし、前述したように「当社ノ御大工職之儀」を弁慶仁右衛門と、隔年ごとにつとめることが条件とされる。そして、この隔年ごとにつとめる「当

	木　工　名　等
13 世紀	文暦元年(1234)「社家大工」 永仁 4 年(1296)「大工已下工四人事」
14 世紀	応安 5 年(1372)「両大工為国為重」御大工 永徳元年(1381)「当社御大工為成」
15 世紀	永享10年(1438)　成弘 宝徳 3 年(1451)　定弘 延徳 2 年(1490)　貞弘
16 世紀	天文 8 年(1539)　本大工：太郎左衛門、　棟梁：弁慶 （大工職相論） 大工職破棄令
17 世紀	慶長12 年(1607)　社殿造営、北野宮寺御大工職設置 岩倉（木子近江）　弁慶

図 30　木工関係図

社ノ御大工職之儀」の具体的内容については、約一世紀後の宝永二年（一七〇五）に記された「御当社御大工之事」に、「毎年正月十一日てう之初メもかく年〻両家ヨリ勤申候（手斧始も隔年に両家より勤申候）」とあり、正月十一日の手斧始を隔年で両氏がつとめること等を指すと考えられる（『北野天満宮史料　目代記録』）。

このように、天正年間の大工職破棄令以後も、十六世紀中期から続く御大工職と棟梁職の並立が続いたといえる。しかし、慶長十二年の社殿造営を期に、改めて北野宮寺御大工職の補任が行われ、まず、それまで棟梁職を所持した弁慶が補任され、次に松梅院大工職を所持した岩倉五郎左衛門尉が補任される。これ以降、両氏が大工職を所持し、正月の手斧始等は毎年交替してつとめるようになる（図30参照）。

つまり、慶長十二年の社殿造営を境に、中世から御大工職を継承していた木工家は失脚し、同時に十六世紀中期から設置された棟梁職も姿を消したといえる。以下、岩倉氏と弁慶氏に分けて、北野宮寺大工職の継承について述べる。

2　慶長年間の社殿造営以降

(イ)　岩倉（木子近江）氏

前述した宝永二年の「御当社御大工之事」には、木子（笹屋）勘右衛門伊重と鈴木弥兵衛の大工職相論も記される。そのあらましは次のとおりである（図31参照）。

宝永元年（一七〇四）十月ごろ、大工職を所持していた近江跡半兵衛（政慶）が逐電し、その後継を、半兵衛の「いとこ」とされる木子勘右衛門伊重と、半兵衛幼少のころの後見であった鈴木弥兵衛が争う。そして、中井源八郎の吟味により、木子勘右衛門伊重が大工職を獲得する。その大工職所有者を決める際に、大きな決め手となったのが、木子勘右衛門伊重が所持したとされる五通の補任状等の写しである。その写しは、中井源八郎が北野天満宮寺務に提出した口上書に記されており、慶長十七年の木子近江以来三代の補任状（i〜iii）、半兵衛への補任状（iv）、半兵衛からの大工職譲渡状（v）

である。それら五通の写しに記された木工名は次のとおりである。

ⅰ：慶長十七年（一六一二）正月六日大工職補任状　宗安
ⅱ：寛永十六年（一六三九）三月十七日大工職補任状　政闊
ⅲ：寛文九年（一六六九）正月五日大工職補任状　政為
ⅳ：元禄二年（一六八九）十一月十八日大工職補任状　政慶（半兵衛）
ⅴ：元禄十六年（一七〇三）十二月十二日大工職譲状　半兵衛→ささや五郎兵衛

ⅰからⅳは、ほぼ同じ文面で宛名が異なるのみである。これら補任状写しの内容を検討してみよう。

ⅰは、前述した慶長十七年正月六日に岩倉（弁慶）近江に下された補任状と同一である。この補任状の発給の際に作成された小折紙には「弁慶近江」と記されており、宗安が弁慶近江の実名なのであろう。

ⅱの発給された寛永十六年に、弁慶は北野宮寺大工職に補任されるものの、「無沙汰」により大工職を一度召上げられ、侘を入れることにより六月二十日に再任される（「北野年中記」）。この再任された月日から、ⅱは三ヵ月しか離れておらず、おそらく岩倉も北野宮寺大工職に補任された可能性がある。

ⅲは、寛文九年正月五日に、弁慶小左衛門孝教とともに補任された鈴木太郎兵衛政為に下された補任状とみなされる。他方、「北野社大工御補任之事」（『北野天満宮史料　目代記録』）に所収された補任状は、ⅲと同じ文面であるが、名前の「政」と「為」が逆になっており、補任状を筆写する際の誤記

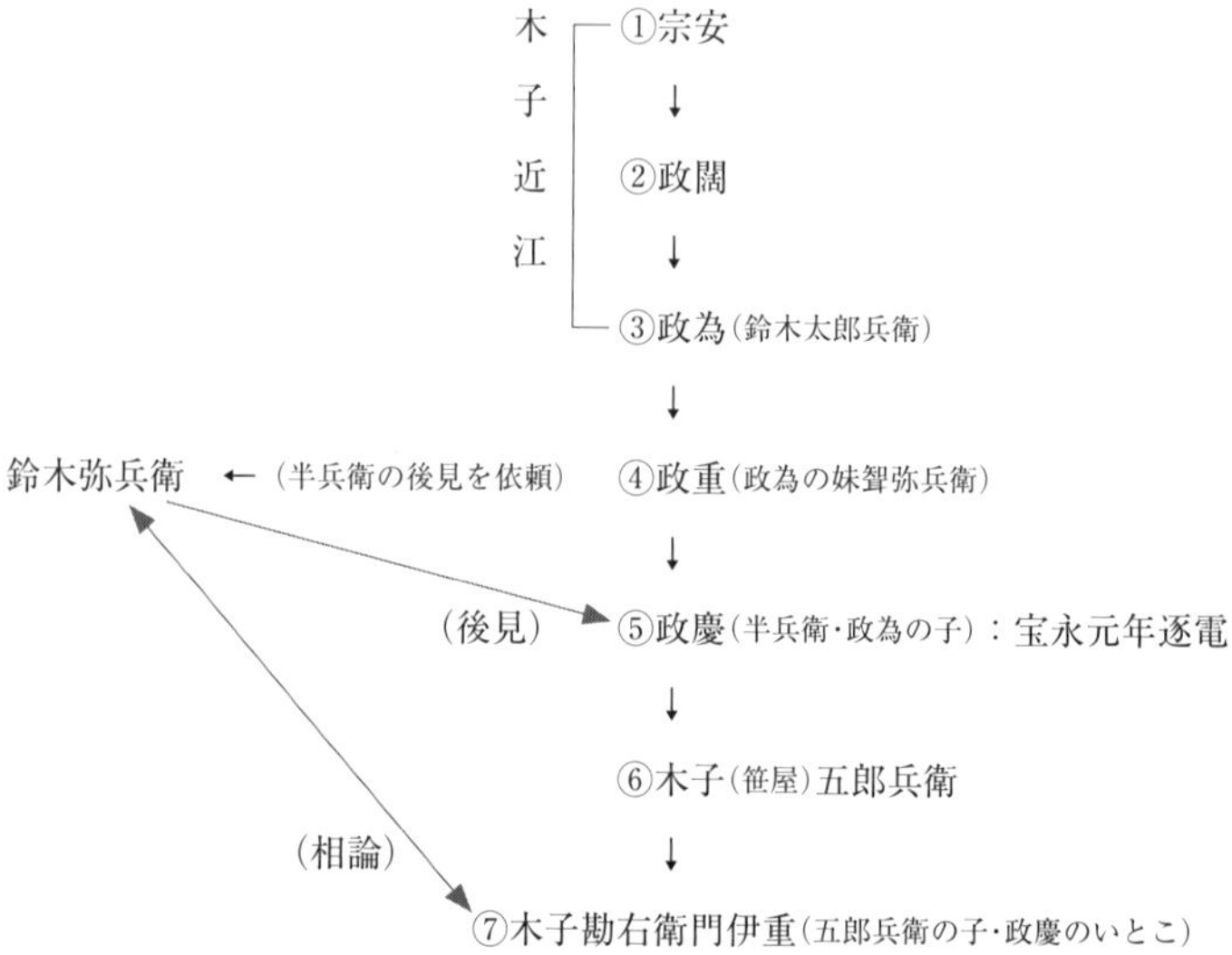

図31　岩倉（木子近江）氏関係図（江戸時代初期）

と考えられる。

ⅳの記された元禄二年ごろ、木工名は不明ながらも、「当社御大工両人御補任」（東京大学史料編纂所「北野社家目代日記」）とある。このことから、大工職所持者が二人（おそらく岩倉と弁慶）いたことが確認できる。

なお、ⅴについては、他の文書での確認はできない。

他方、鈴木弥兵衛の主張は、次のようになる（なお、弥兵衛は、相論の当事者鈴木弥兵衛と、もう一人政為の妹聟弥兵衛がいる）。

・鈴木太郎兵衛が、息子半兵衛の養育を妹聟の弥兵衛に依頼。

・妹聟の弥兵衛が、今回の相論の当

時者である鈴木弥兵衛に半兵衛の後見を依頼。
・妹聟の弥兵衛は、この依頼に際し、自ら所持していた「御社大工職之株」等を、鈴木弥兵衛に譲る。
そして、鈴木弥兵衛は、妹聟の弥兵衛である政重宛に発給された延宝三年（一六七五）の大工職補任状の写しを証拠として提出する。なお、この大工職補任状と字句がほぼ同一のものが「北野社大工御補任之事」にも所収され、その信憑性は高い。

以上のように、この相論において提出された補任状の中で、他の史料でその内容の確認できるのは、木子勘右衛門伊重が所持したⅰ・ⅲと、鈴木弥兵衛が所持した延宝三年の補任状の計三通である。一方、中井源八郎の吟味により、ⅰ～ⅴを所持した木子勘右衛門伊重が大工職に補任されるため、ⅱ・ⅳの内容も否定すべきではない。そこで、前述した補任状等を年代順に並べると次のようになり、十七世紀初期から十八世紀初期にかけての大工職の移動が確認できる。

①慶長十七年（一六一二）宗安（岩倉近江）
②寛永十六年（一六三九）政闊
③寛文九年（一六六九）政為（鈴木〈近江〉太郎兵衛）
④延宝三年（一六七五）政重（政為の妹聟弥兵衛）
⑤元禄二年（一六八九）政慶（近江跡半兵衛・政為の子）
⑥元禄十六（一七〇三）笹屋五郎兵衛（半兵衛からの譲状）

⑦宝永二年（一七〇五）木子（笹屋）勘右衛門伊重（笹屋五郎兵衛の子・政慶のいとこ）

（ロ）弁慶氏

前述したように慶長十二年ごろ、仁右衛門が大工職に補任され、慶長十七年以降は岩倉氏とともに大工職を所持する。また、仁右衛門の子と推測される小左衛門が、寛永八年（一六三一）に鐘楼修理を行う。そして、岩倉氏の項で述べたが、実名は不明ながらも、寛永十六年に補任・再任された弁慶は、おそらく後述する小左衛門宗弘であろう。

ところで、他社の工事であるが、弁慶小左衛門宗弘は、寛永十一年の石清水八幡宮社殿造営（棟札）で「大工」、また、正保三年（一六四六）の八坂神社本殿造営（『八坂神社文書』）で「棟梁」を勤める。その後、寛文九年（一六六九）に小左衛門孝教、元禄十五年（一七〇二）に小左衛門好信に補任状が発給される。

三　大工職について

1　補任状と補任料

北野天満宮が発給した補任状の中で、現存するのは、前述した慶長期以降のものである。

他方、補任状は現存しないが、発給されたことが推定できる場合もある。延徳元年（一四八九）十月二十三日条に「当社大工給分事、毎年拾五石の由、御奉書を帯び、大工職事ややもすれば改めるべき者也」とある。しかし、これに続く「殊に禅融かくのごとし一行毎毎自筆と為す處」や「禅能以来之判形」を曲事と、日記の記主であり、また、北野天満宮の造営奉行でもある松梅院禅豫は断じる。ところで、日記に記された禅融は嘉吉・文安年間（一四四一～四八）にその活動が確認され、禅能は応永三十四年（一四二七）から永享二年（一四三〇）まで御師職である。そのため、松梅院禅豫は曲事と断じるものの、延徳元年を半世紀ほど遡る十五世紀前半に、大工職補任状が発給された可能性がある。事実、このころから「弘」の下字を共有する木工家の御大工職の継承が始まる（拙著『中世日本建築工匠史』参照）。

さらに、前述したように、天文八年（一五三九）の社殿工事では、棟梁職の設置が確認でき、その際に、棟梁職に関する奉書等が発給された可能性がある。

そして慶長十七年ごろの補任状発給に関する手続きは、次のとおりである。

①木工（この場合は、岩倉五郎左衛門尉）は、補任状を得るため、別当である竹内門跡に小折紙（甲）と補任料三貫文を進上する。
②神事奉行である松梅院の神判が加えられた補任状（乙）の発給。
③木工は補任状を受け取り、松梅院に神判料百疋、仲介にあたった目代に五十疋を支払う。

この小折紙（甲）と補任状（乙）の雛形ともいうべきものがある（「北野年中記」）。

（甲）

　　申

　　　北野宮寺大工職

　年号　月日　　　名判

（乙）

御補任案文
　御判

北野宮寺政所

　補任　　　大工職之事

　　　　　　名乗

右人を以て補任彼職の状件の如し、

　年号　月日

本章で述べた小折紙や補任状は、全て（甲）（乙）と同じ書式であり、このような書式が十七世紀に採用されたといえる。

2 節料等

北野天満宮と大工職所有者等の間で、節料（北野天満宮に納める税の一種）等、年末・年始に物品等の授受がある。十五世紀後期〜十七世紀初頭を中心に、その授受の実態について述べる。

(イ) 十五世紀後期（大工職所有者：御大工のみ）

十二月晦日に、御大工は、節料として精進板・釣瓶・箸木・垣板を政所に進上し、政所は、その返礼として割木・納豆代物十疋を御大工に下す。

ところが、延徳二年（一四九〇）十二月十二日の御大工の申分では、政所よりの返事すなわち下行物がなかったため、御大工は一両年にわたり、節料を納めなかったとある。そして、同年十二月晦日に、年末の下行物（割木・納豆）と、正月四日の年賀に際しての下行物（「ヒロカイシキ」「前かかミ」）および饗応（御酒）を確認したので、政所に節料を進上したとある（『目代日記』）。このことから、年末・年始の下行物が、木工にとっていかに重要なものであったかがうかがわれる。

また、正月十一日に、北野天満宮社頭と松梅院において事始が行われ、木工は下行物を得る。例えば、長享三年（一四八九）では、社頭分として二百疋と金覆輪、松梅院分として金覆輪が、御大工に下される。

以上のように、大工職所有者は、節料として年末に政所へ物品を進上し、その返礼品を受け、また、正月四日の年賀には、饗応とともに物品を受ける。おそらく、松梅院においても同様のことが行われたと推測される。さらに、大工職所有者は、正月十一日の北野天満宮社頭の事始と、松梅院の事始に臨み、社頭と松梅院の両方から下行物を得る。

（ロ）　十六世紀中・後期（大工職所有者：御大工と棟梁）

弘治二年（一五五六）の松梅院における正月事始では、両者（御大工と棟梁）にそれぞれ五十疋が下される。また、同年十二月二十七日に棟梁である弁慶が切盤・釣瓶・箸木・垣板を松梅院に進上し、十二月晦日に御大工と鑓屋が、釣瓶・箸木・垣板を松梅院に進上しており、この年末に限り、御大工と棟梁以外の木工（鑓屋）が松梅院に物品を進上する。

実は、翌年四月に御大工職の子への譲渡が認められており（一三二頁参照）、この大工職継承に対し、松梅院の助力を得るために、御大工は知己の木工（鑓屋）とともに節料を進上した可能性もある。また、永禄二年（一五五九）に、弁慶と棟梁職を争った可能性のある木工を鑓屋新左衛門と述べたが、鑓屋はその相論を始める三年前に、北野天満宮の有力祠官松梅院と面識を持ったといえる。さらに想像力を働かせると、このことが、慶長四年に「やり屋五郎左衛門尉」が松梅院大工に任じられる遠因だったのかもしれない。

（ハ）　十六世紀末～十七世紀初頭：文禄・慶長期
（大工職所有者：御大工と棟梁、さらに松梅院大工の五郎左衛門尉）

文禄三年（一五九四）の松梅院における正月事始に、「大工共ニ酒有」とあり、御大工と棟梁が饗応を受ける。

ところが、慶長四年（一五九九）の社頭における正月事始では、松梅院は五郎左衛門尉に事始を行わせ、祝儀として米一石半を下行する。そして、松梅院における正月事始では、「当坊盃を大工今日頭領一人に呑せ申」とあるように、棟梁だけが饗応を受ける。この後、御大工が慶長五・七・九年、棟梁が慶長四・六・七・八年に饗応を受ける。そのため、慶長期前半では、御大工と棟梁が、ほぼ隔年ごとに松梅院より饗応を受けたといえる。ただし、慶長七年では、御大工・棟梁両者が饗応を受け、慶長十年では、棟梁と五郎左衛門尉が口論に及んだためか棟梁は饗応を受けていない。

この後は、『北野社家日記』等に正月の記事が欠落等するため不明である。しかし、慶長十七年以降は、前述したように、弁慶氏と岩倉氏が隔年で事始を担当しており、担当した木工に禄物等が下行されたと推測される。

3　大工給分について

大工職所有者には、北野天満宮より大工給分（給料にあたる）が下される。前述したように、延徳元年（一四八九）十月二十三日条から、大工職補任状は十五世紀前半に発給された可能性があり、そのころは、大工給分は毎年十五石と記す。当時（延徳元年）、造営奉行として造営料所を知行していた松梅院禅豫は、これを「多大な大工給分」と記し、この奉書が発給されたころに比べ、現在は造営料所である内野畠の知行が十分の一に減ったことを記す。このことから、すでに十五世紀前半に大工給分が存在したことは間違いないといえる。

また、天文十七年（一五四八）の「室町幕府奉行人連署奉書案」では、幕府が松梅院に対し、棟梁職を所有する弁慶次郎左衛門に、給恩三石等を速やかに下すことを命じている。つまり、大工給分は、十五世紀前半では十五石であったが、十六世紀中期では、その五分の一の三石に減ったといえる。

さらに、前述した慶長五年（一六〇〇）正月十日の、正月事始の際、松梅院大工に米一石半が下行され、来年からは二石を下行するが、「昔」は三石下行したとある。この「昔」は、おそらく天文十七年の給恩三石と関連するかもしれない。

ところで、（八）で検討したように、慶長四〜九年の正月十一日の松梅院における事始に、大工職所有者が毎年交替で饗応を受ける。これに対し、慶長四年以降、松梅院大工五郎左衛門尉には、「御事始祝義」として一石半もしくは二石が下され、厚遇されている。これは松梅院が、大工給分に相当するものを「事始祝義」という名目で、五郎左衛門尉に下行したためである。実をいうと松梅院は、五郎左衛門尉を北野天満宮寺の大工職に任命する予定であったが、慶長四年正月二十四日に、松梅院と対立関係にあった別当の反対により、それが叶わなかったことを知る。そのため、松梅院は、五郎左衛門尉を北野天満宮寺の大工ではなく、松梅院大工に任じ、「事始祝義」といった名目で大工給分を下行したと推測される（おそらく、慶長四年正月十一日の「御事始祝義」は、北野宮寺の大工職補任を前提としたものであったと推測する）。「棟札の作成」の項で述べたように、松梅院が慶長十二年の本殿建立棟札に、当時、北野宮寺大工職を所持、もしくは、所持する予定の弁慶ではなく、大工職に補任される前の岩倉五郎左衛門尉を記した理由がここにあったといえよう。

4　寛文年間の社殿工事

慶長十二年の社殿造営から五十五年後の寛文二年（一六六二）五月一日に、双子地震といわれる近江・若狭地震が発生した。

この地震により社殿が被害を受け、寛文五年に江戸幕府より修理が許可される。その修理に先立ち中井主水が社頭検分に来るが、それに弁慶小左衛門は与力の一人として参加する。

寛文七年に入札が行われ、寛文八年正月二十六日に手斧始を「入札ノ大工棟梁両人」が行う。この手斧始に際し、弁慶小左衛門は、「奉行ノ座ノ末ニテ見物也」とあり、儀式に際し、ただ着座するのみである。しかし、弁慶小左衛門は、この工事において中井より「見廻棟梁（入札となった工事現場を監視する棟梁）」に任じられ、寛文九年の本殿上棟棟札には、「大工弁慶小左衛門孝教」と記される。

つまり、工事を落札した木工は、工事やそれに付随する儀式等を自ら行うのに対し、大工職を所持した木工は、儀式に形式的に参加するのみである。ただし、寛文年間の社殿工事の棟札には、大工職を所持した木工が「大工」として記される。

なお、もう一人の大工職所持者である岩倉（木子近江）は、喪のため寛文八年正月の手斧始に参加しない。おそらく、同様の理由から正月二十六日の社殿工事の手斧始にも参加せず、そのため、棟札にも名前が記されなかったと推測される。

第五章　木子氏について

一　禁裏御大工四職について

内裏（禁裏）等における諸工事は、古代律令官司であった木工寮・修理職等により行われてきた。しかし、十五世紀に入ると、寺社等と同様に、内裏においても大工職が成立する。その大工職は、惣官・伴・中務・木子の四つからなり「禁裏御大工」と呼ぶ。また、「紫宸殿御大工」や「清涼殿御大工」のように、建物別で呼ぶ場合もある。ここではまず、この四職について概略を述べる。

惣　官：紫宸殿の大工職等を所有し、官庁等の作事にも関与する。内裏修理に際しては、各職人から出された見積のとりまとめ等を担当する。また、朝恩地の給付もある。

伴　：南北朝時代に木工寮系の木工とされる伴氏が、室町時代に清涼殿大工を世襲したことから家職化される。そのためであろうか、大工職相論の対象とならない。

中　務：惣官・伴・木子が応仁の乱以前から存在するのに対し、乱後に現れた新たな大工職で、その職掌は不明な部分が多い。たびたび大工職相論が起こり、天正五年（一五七七）の惣官と「やりや（鑓屋加賀）」による相論では、「やりや」が中務を得るが、この「やりや」は町人であったとされる。この相論以後、中務に関する記事は見出せないが、「やりや」の名は、北野天満宮や、醍醐寺の慶長期の工事記録等に見出せる。

木　子：文安三年（一四四六）ごろに成立したとされる辞書「壒嚢鈔」に、「内裏ノ御大工ニキコノ大工ト云……今ニ其ノ子孫アリ、紫宸殿ノ御大工是也」（傍点筆者）とあるように、木工の名前として紹介される一方で、木子職という職掌名でもある。古くから内裏の御大工であったが、この辞書の当該箇所が編まれたころは、内裏の正殿である紫宸殿の御大工として知られていたようである。

木子氏については、その来歴を十四世紀前期にまで遡らせる由緒書の記述もある。しかし、同時代史料等によって確認できる、最も古い記事が前述した「壒嚢鈔」の記事である。これ以降、中・近世において、内裏の大工として活動し、近代では宮廷建築家として活躍する。木子氏の活動を時代を追って述べる。

二　室町時代後期から江戸時代初期

永正六～十二年（一五〇九～一五一五）に、木子広宗と、室町幕府の棟梁である右衛門尉宗広により、惣官職をめぐる相論が起きる（『守光公記』）。二人の主張は次のとおりである。

・**木子広宗の主張**：明応二年（一四九三）の国久（元惣官か）の譲状を国広（広宗の父か）が所持し、現在は、広宗がその譲り状を所持して、奉公を続ける。

・**右衛門尉宗広の主張**：延徳元年（一四八九）の国久の譲状を所持するが、永正六年（一五〇九）に至るまで奉公歴はない。

惣官をめぐる相論

木子広宗の主張：国久→国広→広宗
幕府棟梁宗広の主張：国久→宗広（奉公歴無し）

両者の主張に対し、室町幕府は右衛門尉宗広を惣官とする裁定を下す。しかし、幕府が、幕府と関係の深い木工を優遇するのは当然のことであろう。また、広宗の主張から、惣官職が国広から木子広宗へ譲られたことがわかり、おそらく国広も木子姓と推測される。

ところで、このころの幕府営繕組織は、前述したように御大工・棟梁と呼ばれる指導的立場の木工と、その下の番匠に分かれる。宗広は幕府棟梁であるため、十代将軍足利義稙に伺候して、延徳三年から永正五年まで京都を離れていたと考えられる。そのため、前述した自身の主張にあるように、惣官職の譲り状を所持するも、遠国にいたため奉公できなかったといえる。

弘治二年（一五五六）に、禁裏鍛冶職について相論が起きる。その相論に際して作成された禁裏大工の連署状（「東山御文庫」）には、木子国次や、前述した宗広の後を継いだ惣官定宗等の名前が記される。

木子国次在判　惣官定宗在判　半左衛門友重在判　中務定好在判

鍛冶御大工吉久は、この四人について次のように記す。惣官と中務は「無案内」であり、半左衛門は「若輩」、木子は「宿老」で数十年間禁裏に奉仕した高齢の木工。つまり、木子国次は、十六世紀中ごろ、禁裏御大工を数十年つとめる古株の木工であったといえる。

この相論の三年後の永禄二年（一五五九）、今度は中務職をめぐる相論が起きる。幕府棟梁で、惣官を兼帯する定宗が、かつて、木子与一が惣官職と中務職を兼帯していたことを根拠に、中務職を要求する。この木子与一は、天文十年（一五四一）に「御大くのよ一中つかさふん（御大工の与一中務分）」（「東山御文庫」）と記される与一に間違いないであろう。そして、この相論には、定宗の他に木子六郎太郎宗久と鑓屋新左衛門が関係する。ところが、永禄九年（一五六六）に木子六郎太郎宗久が惣官に任じられると、定宗と木子六郎太郎宗久による惣官職をめぐる相論が起き、さらには、この二人に鑓屋新左衛門が加わり、中務職をめぐる大工職相論も再燃する。これら相論は、永禄十一年の織田信長の入京によって混迷の度を深めた。結局、元亀二年（一五七一）の禁裏への歳末の挨拶に「きこ。そうくわん一つ闊御こきいたまいる。（木子、惣官一つ闊、御胡鬼板まいる）」（『お湯殿の上日記』）とあることから、木子氏は惣官職を手放したようである。

前述した木子宗久は、二十年後の天正十八年（一五九〇）の禁裏対屋工事にも関与するが、その工事を記した棟札（『華頂要略』）に、この木子宗久とならんで木子近江守宗康が記される。次にこの木子近江守宗康について述べる。

1　木子近江守宗康

第四章北野天満宮で述べたように、宝永二年（一七〇五）の中井源八郎の口上書では、岩倉近江宗安以下の三代を「木子近江」と呼んでいる。そこで、慶長十七年（一六一二）に北野宮寺大工職に補任された岩倉（弁慶）近江こと岩倉五郎左衛門尉宗安と、木子近江守宗康の関係、特に両者が同一人物である可能性について述べたい。まず、その根拠となる点をあげる。

（甲）　木子近江守宗康と記す史料の下限が、慶長十五年（「大工渡帳」）であるのに対し、五郎左衛門尉は第四章で述べたように、慶長四年より名前が見出せる。つまり、両者の活動時期が、部分的に重なる。

(乙)　両者とも受領名が近江守。また、北野天満宮の慶長十七年の大工職補任状には宗安と記され、宗安と宗康、両方とも「むねやす」と読める。

(丙)　中井の口上書において、宗安以下三代を「木子近江」と記す。

(甲)と(乙)については、偶然一致した可能性もあるが、(丙)は、大工職相論に対する中井の裁定に関連した部分であり、その信憑性は高い。また、第四章で述べたように、慶長十六年十二月二十六日に、「当社ノ御大工職之儀」を弁慶仁右衛門と五郎左衛門尉が隔年で行うことについて、中井大和守の返事を待ったことからもわかるように、慶長年間の末ごろより、中井は北野天満宮の大工職に深く関与したといえる。その中井の裁定の核となったのが、木子近江家が所持した大工職補任状である。

ところで、近年刊行された東寺の報告書(『教王護国寺歴史的建造物調査報告書』永井規男執筆)に、木子修作家所蔵の「木子旧記抜書」(以下「抜書」と記す)等が紹介される。「抜書」等は修作氏の祖父作次郎(後述する作大夫家の明治時代当主)が記したもので、史・資料としての信憑性に欠けるものの、木子近江に関係する重要な記述が見出せる。その概要を次に記す。

イ　本文の書出しが「旧記中　木子近江守宗康ガ書初メタル文禄年中ニ始マリ」(「抜書」)。

ロ　寛永十九年(一六四二)の東寺五重塔工事に参加した「吉左衛門」は、宗康の子孫と推測される「八条木子吉左衛門」である（「抜書」）。

ハ　神森出雲守武継の弟の新五郎近江守宗康が、八条通り大宮西入二丁目に住み、正保二年（一六四五）没（「木子系図」）。

ニ　木子作左衛門勝秀が、八条通り大宮西入二丁目北側に住む（「留書」）

木子近江守宗康の初見は、前述したように天正十八年（一五九〇）であるため、イに記すように、文禄年中（一五九二〜九五）から書き始めることは可能（ただし、宗康が実際に記したかどうかは不明）。ロの「吉左衛門」は、東寺の項で述べたように実在する木工である。しかし、この「吉左衛門」が、木子近江守宗康の家系に繋がるという傍証史料はない。

ハの神森武継は、実在する木工で、近衛家の御大工とされる（永井規男「室町期の大工神森氏の史料」）。しかし、前述したように、神森武継は天文八年（一五三九）には存命であり（三四頁参照）、宗康の没年が正しいのであれば、その間一世紀近く離れており、たとえ義弟だとしてもその可能性は低いといわざるをえない。いずれにせよ、神森武継と近江守宗康の関係を示す傍証史料はない。なお、神森氏は後に妙心寺大工となり、その補佐的役割を木子氏がつとめる（「妙心寺大工系図」他）。したがって、神森氏と木子氏が親密な関係であったことは間違いないといえる。

ニの木子作左衛門勝秀は、後述する寛政度内裏作事に関わった木子作太夫家の歴代当主の一人である。ハとニに記す居住地が正しいのであれば、住居地が近く、木子作太夫家が、木子近江守宗康の家系に繋がる木工家の可能性がある。また、五郎左衛門宗安は、寛永十六年（一六三九）に「政闊」に北野社の大工職を譲るが、それはハに記す没年の六年前にあたる。

前述した報告書によると、「抜書」等の内容の信頼性は高いとされるものの、どれも確証はない。しかし、前に述べた木子近江守宗康と、北野天満宮で活動した岩倉五郎左衛門宗安を同一人物とする説を補強する内容でもある。

そこで、両者を同一人物と仮定した上で、木子近江について推測を交えてまとめると次のようになる。

木子近江守宗康は、天正十八年の禁裏対屋の工事の後、北野天満宮の松梅院大工をつとめる。そして、松梅院の推薦により、慶長十二年の社殿造営に参加し、慶長十七年に北野宮寺の御大工に補任され、同じく御大工の弁慶仁右衛門と隔年で正月の手斧始め等をつとめる。その後、宗康の所持した御大工職は、寛永十六年に政闊、寛文九年に政為、元禄二年に政慶へと継承される。中井源八郎は、これら宗康・政闊・政為らを「慶長十七年木子近江以来三代」と呼ぶ。

ところで、宗康の子の長兵衛は、木子長兵衛組を組頭として率いており、慶長十七年（一六一二）の名古屋城作事や、内裏の寛永度・承応度・寛文度・延宝度作事に参加し（「中井家文書」）、延宝三年

（一六七五）には京十人棟梁の一人として活躍する。しかし、残念ながら実名が不明で、上述した「慶長十七年木子近江以来三代」との関係も不明である。

他方、寛永十九年（一六四二）の東寺五重塔の再建工事に参加した八条吉右衛門も、宗康の系譜に連なるとされるが、政闕や長兵衛との関係は不明である。

2　「東寺惣大工職補任代々記」再考

第一章東寺で述べたように「東寺惣大工職補任代々記」（表1参照）の19から21の木工名（政闕・政為・政慶）が、補任年月日は異なるものの、北野宮寺大工職相論の際に、中井源八郎へ提出された大工職補任状に記された木工名と同一である。

ところで、東寺において、木子氏が関係した工事として、前述した寛永十九年の東寺五重塔再建がある。この工事では、東寺の惣大工太郎兵衛（太郎兵衛は、慶長年間に惣大工に任じられるが、実名は不明である。）とともに木子吉右衛門が参加する。そして、木子吉右衛門は前述したように、宗康の系譜に連なるとされるが、「政闕」等との関係は不明である。しかし、この五重塔工事から元禄十五年（一七〇二）にかけて、木子氏は東寺関係の工事に断続的に参加する。例えば、五重塔の西方にある八島社の元禄十五年棟札には、「大工棟梁　木子作左衛門尉藤原勝秀　同姓　市右衛門尉勝政」と記される。

おそらく、この「東寺惣大工職補任代々記」を書き継いだ筆者が、寛永年間から元禄年間に至る木子氏のめざましい活躍に影響され、自らの系図の中に木子氏関係の木工名を挿入したのであろうか。

三　江戸時代中・後期

江戸時代中期以降、木子各諸家の由緒書等が散見するようになる。中でも木子文庫（都立中央図書館）に所蔵される、文化十年（一八一三）の甚三郎家の清房や、大正三年（一九一四）の作大夫家の作次郎等によって作成された由緒書の内容は詳しい。ここでは、これら由緒書等をもとに、木子甚三郎家・作大夫家に播磨家を加えた木子三家について述べる。

播磨家は安永三年（一七七四）にその職を解任されるまで、内裏の常式大工棟梁であり、内裏関係の作事を主とした。一方、甚三郎家と作大夫家は、安永三年以降に常式大工棟梁に任じられる。それ以前は、甚三郎家が内裏関係の作事を臨時に行い、近衛家にも出入りし、町方の岩井組に属するのに対し、作大夫家は、寛文から寛政期に内裏関連の作事を行い、木子組を率いる。

作大夫家の由緒書には、歴代当主の名前が十四世紀から記されるものの、中世から近世初頭の部分については信憑性が乏しい。十七世紀以降については、次のとおりである。

宗国―宗勝―政勝―勝秀―勝長―勝貞―勝政―勝清―守胤―勝久―守久―作治郎

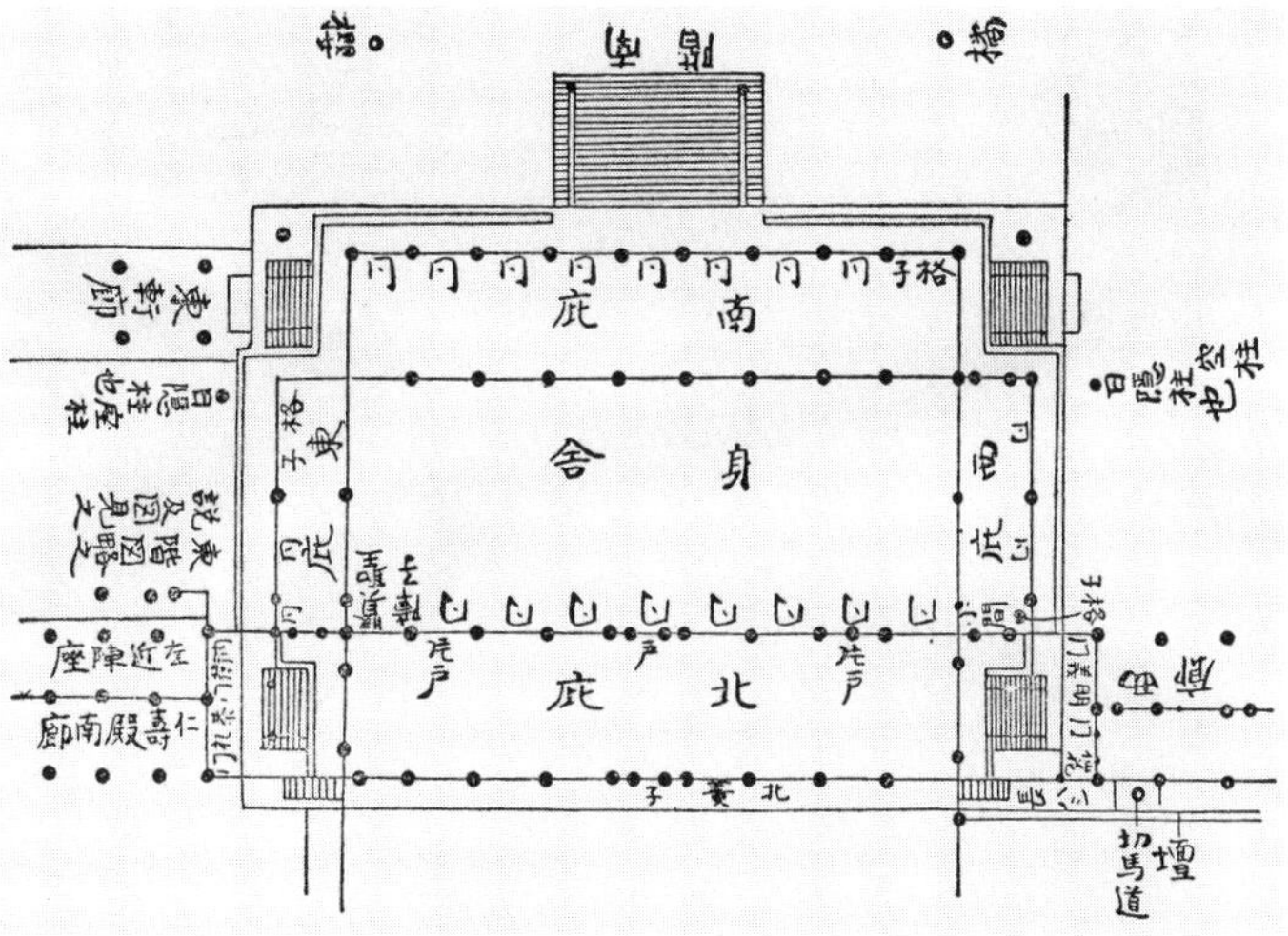

図 32　京都御所 紫宸殿全図（裏松固禅「大内裏図考証」『改訂増補 故実叢書』所収）
上記の図等をもとに、木子播磨等が図面や木形（模型）等を製作。

この中で棟札等により活動が確認できる木工として、六孫王神社の元禄十四年（一七〇一）棟札に記される勝秀・勝貞・勝政がいる。勝秀・勝政については、前述した東寺八島社の元禄十五年棟札にも見出せる。

また、作大夫家は妙心寺大工としても活動しており、棟札で確認できる木工として享保十六年（一七三一）山門棟札の勝貞、文政十年（一八二七）仏殿棟札の勝久がいる。少し遡って元禄九年の妙心寺鐘楼棟札の「副匠山田作左衛門秦勝秀」も、木子勝秀の可能性がある。さらに遡ると、作大夫家との関係は不明なものの、十六世紀最末の慶長四年（一五九九）の妙心寺養源院客殿棟札の「棟梁者上京堀出新介」は、木子治部の縁者とされる（永井規男「禁裏御大工四職について」）。

これら播磨家・甚三郎家・作大夫家の木子三家は、平安時代への復古を目指した寛政度の内裏造営に携わる。

1　寛政度の内裏造営

内裏は、江戸時代に幕府によって八回（慶長・寛永・承応・寛文・延宝・宝永・寛政・安政）造営が行われる。中でも、寛政度の造営では、紫宸殿・清涼殿等が復古様式で造営され、その復古の根拠として、裏松固禅の「大内裏図考証」が参考とされる。しかし、そこに記された平面図や文字だけでは、復古様式の紫宸殿・清涼殿等を造営することが出来ないため、それら建物の詳細な図面が必要とされた。当時、常式大工棟梁であった木子甚三郎と木子作大夫は、病気もしくは病気がちであり、しかも、作大夫に関しては「古形」を知らないため、大規模な作事に関する図面を作成する能力がなかったとされる。そこで中井役所棟梁の岡嶋上野が修理職に出向し、公家と対立しながらも図面を作成したとされる。そして、それら図面がほぼ完成したころ、岡嶋上野に代わって木子播磨が登用される。なお、復古様式とは言っても、平面（間取り）等が中心であり、立面関係については江戸時代の意匠とされている。

この寛政度の造営では、従来のように大名等が数個の丁場に分かれて工事を進めるのではなく、三十の大工組が、内裏の建物を細かく分けて担当する。甚三郎家が属する岩井組は常御所、作大夫家が率いる木子組は清涼殿を担当し、紫宸殿は田辺組が担当する。

その後、安政元年（一八五四）に内裏は焼失・翌二年に再興するが、その再興した内裏は、右に述べた寛政度造営の規模を踏襲したとされる。現在の京都御所がこれである。

四　幕末から明治――木子清敬（弘化元年～明治四十年〈一八四四～一九〇七〉）

甚三郎家の江戸時代最後の当主が清敬である。清敬は、木子氏の別家の子として生まれ、甚三郎家の養子となる。明治維新前は、御所や近衛家の工事を手がけ、維新後は、修理職の後身である明治政府の会計官（後の大蔵省）営繕司の積物方に採用される。旧江戸城整備等に携わり、明治四年の大嘗祭において、悠紀殿・主基殿の工事を担当する。そして、明治六年に宮内省へ移り、明治宮殿の造営では中心的役割を果たし、その他の皇室関係の工事等に携わるなど宮廷建築家として活躍する。また、明治二十二年から明治三十四年にかけて、帝国大学講師として「日本建築学」を担当し、明治二十九年に古社寺保存会委員に任命され、明治三十一年の伊勢神宮臨時遷宮では、造神宮技師を兼任する。

この清敬の青年期に、清敬に対して、建築教育を行ったのが、前述した木子勝久（作大夫家）であり、木子棟斎（播磨家か）である。なお、棟斎（文政十年～明治二十六年：一八二七～九三）は、明治二十三年に規矩術書『巧道助術新録』を著すが、この書により近世規矩が大成したとされている。

　また、清敬の次男幸三郎は、宮内省内匠寮技師となり、皇室関係の工事に携わり、四男七郎は、大阪に建築事務所を構えて、商業建築を多数手がける。

終　章　建築様式と木工との関連性

日本建築を作った職人（本書では木工）の系譜や技術伝承の背景を、木工の生活といった側面から紐解いてきたが、ここでは時代ごとに木工の性格の変化についてまとめたい。さらに、中・近世で活躍した木工たちの活動の基盤となった同業者組織（座と仲間）の性質や、内裏の大工として中・近世に活躍し、近・現代においても宮廷建築家のような活躍を見せた木工の名家・木子氏について述べる。そして最後に、建築様式と木工との関連性について述べる。

一　木工・木工の組織

1　古　代

律令制が成立する前、我が国の木工は、大陸から渡来した技術者集団から優れた建築技術を学ぶ。

その後、律令制の確立とともに、木工寮・修理職等の行政組織が整備され、木工は技術系官僚としてそれら行政組織に組み込まれる。そして、寺社や宮都建設等にともない、木工すなわち官工は、各工事現場へと配属される。

官工の中には、配属先の専属となり、配属先の木工を指導するなど、主要な工事現場は、官工の支配するところであった。例えば、伊勢神宮では、式年遷宮にともない木工寮に属した官工が朝廷より派遣され、高野山では、大規模工事に際し、奈良や京都から官工等が下向する。

2　中　世

中世初期、源平の争乱により罹災した寺社の再建工事等に、多くの木工が必要とされた。そして、その中から、官工に引けを取らない技術を有する木工が出現する。こうした優れた木工を新たに採用する手段の一つとして、十三世紀後期ごろに大工職が成立する。他方、すでに寺社に属していた木工にとっても、自らの技術者としての立場を明確化するため大工職の所有は必須であったといえる。

伊勢神宮では、十一世紀中期より神宮専属の木工（神宮工）の活動が始まるが、初めのころは神官が神宮工を兼務しており、しかも神宮工は特定の木工の家系により独占されていた。それが、十四世紀初期に大工職補任状の発給が始まると、新しい木工の参入が始まる。高野山でも、十一世紀末ごろより、下級僧侶の身分に相当する高野山専属の木工の活動が始まるが、その活動は小規模な工事にとどまっていた。それが、十四世紀初期に、僧侶の集会組織により木工の任免が決定されるようになると、官工出身の木工が惣大工職を得て、寺院専属の木工とともに工事にあたるようになる。

ところで、十三世紀初期から、大和国の東大寺・興福寺、山城国の法成寺・石清水八幡宮等の一部の大寺社において、木工の「座」が結成され、座の最上位者が大工職を所持する。他方、東寺では、木工の「座」は見出せないものの、下部と呼ばれる身分に木工五・六人が位置づけられ、十三世紀後期では惣大工と修理大工に二分され、それぞれの上位者が惣大工職、修理大工職を所持する。また、伊勢神宮では、式年遷宮に参加できる神宮工は、十二世紀末では内宮四十四人・外宮三十三人に限定されており、十四世紀ではそれぞれ頭工・頭代・小工のいずれかの大工職を所持する。さらに、法隆寺では、十三世紀後期ごろより、四ヵ末寺の大工職所有者四人により惣寺の造営が独占され、清水真一はこれを「座的な性格を内包していた」と指摘する。

そのため、東寺・伊勢神宮・法隆寺等では、寺社内部に「座」に準ずるような木工の組織が形成されていたと推測される。

3　近　世

中世末期に、「座」は解体され、大工職制度も否定される。そして、新しい権力の下で木工の再編成が進められ、築城そして城下町の建設に木工が動員される。それら木工の中の上層部の一部は、幕府や藩の造営組織に組み込まれ吏僚となり、町方や村方の木工を支配した。

ところが、古代・中世から続く寺社の中には、豊臣政権による大工職破棄令にもかかわらず、その後も大工職が残存する。本書では、次の四ヵ社寺を取り上げた。

・**東　　寺**：十五世紀に、惣大工と修理大工の身分が、修理職に属する官工から、東寺に属する寺工へと変化する。そして、惣大工は、十五・十六世紀に太田氏、十七世紀中期から十九世紀初期に中村氏がほぼ世襲し、修理大工は藤井氏が十五世紀から近世後期にかけてほぼ世襲する。

・**伊 勢 神 宮**：式年遷宮が江戸時代を通じて行われる等、建設需要が潜在的にあったためであろうか、中世から続く大工職は保持され、江戸時代末期にかけて大工職補任状の発給が続く。

・**北野天満宮**：十四世紀後期ごろに大工職が成立し、十六世紀中期には新たに棟梁職が設置され、以後、両大工職の並立が大工職破棄令後も続く。しかし、十七世紀初頭の社殿造営を期に、改めて北野宮寺御大工職が設けられ、それまで棟梁職を所持した弁慶氏と、十六世紀末に新たに松梅院大工となった岩倉（木子）氏が任じられ、両氏により十八世紀初期まで大工職が継承される。

・**高　野　山**：江戸時代初期ごろ、新たに正大工職と権大工職が設けられる。正大工職を世襲する挟間氏は、その祖が十六世紀中期ごろまで遡る可能性がある高野山土着の木工家である。一方、権大工職を世襲する小佐田氏は、その祖が十六世紀末の文禄年間ごろまで遡る可能性がある木工家である。

以上のように、近世における大工職には、その来歴が中世から続く場合（東寺・伊勢神宮）と、中世から続く大工職が一旦破棄され、近世初頭に新たに設けられる場合（北野天満宮・高野山）がある。後者は近世初頭において、旺盛な建築需要に応えるため、それまでの中世的な特権であった大工職を解体して、大量の木工を工事に動員する必要があったものの、その後、建築需要が減少に転じたため、より優れた技術を有する木工の必要性が高まり、その結果、再び大工職が設置されたと推測される。

しかし、この近世の大工職は、北野天満宮の十七世紀中期の社殿造営で明らかなように、入札によって請負う木工が決定されるため、中世のように大工職を所持していても、工事受注の優先権は認められない。近世では、大工職を所持する木工は、建築の儀式に参列し、棟札に名前を記す等、その権限は大幅に縮小されたといえる。

横田冬彦らも指摘するように、近世の大工職は、建築儀式の奉仕や、寺社内の小工事・修理に特化した権利と考えられる。ただし、伊勢神宮では、古代・中世において、朝廷もしくは幕府の財政的支援のもとで式年遷宮が行われ、近世においても同様な財政的支援のもとで式年遷宮等が行われたためであろうか、造営工事や建築儀式は、近世に至っても古代・中世と同様に神宮工によって行われる。

4　木工の同業者組織

木工の同業者組織として、中世では「座」、近世では「仲間」があり、両者とも、既得権の確保と新規参入者の阻止等を目的として作られた組織である。そして、「座」は、織豊政権により解体されたとはいうものの、「座」の本所権が、寺社から新しい権力者へ移されたに過ぎず、むしろ、新規の木工を組み入れた上で、新しい権力者が積極的に利用したとの指摘もある。また、近世においても、寺社を本所とする「座」は一部残り、東大寺の八幡座や、興福寺・春日大社の春日座等は、その活動が江戸時代を通じて確認できる。

ところで、中世の木工の「座」は、特定の寺社にしか見出せず、それら寺社には、いずれも大きな建築需要が見込まれ、また、宗教的な権威を有している。一方、近世の木工の「仲間」は、中世の「座」のような宗教的な結合というよりも、むしろ、幕藩体制下における地縁的な結合と見なすことが可能である。

5　木子氏について

木子は本来、木子職という十五世紀の内裏に成立した大工職の名称であり、その職掌名が後に木工の姓となる。内裏の大工職には他に惣官・中務等があり、十六世紀を通じて、木子氏はこれら大工職を当時の室町幕府の棟梁等と争う。

近世においても内裏関係の作事を木子氏は行ない、内裏の常式大工棟梁を十八世紀中期までは播磨家、その後は、甚三郎家と作大夫家がつとめる。また、甚三郎家は近衛家に出入りしており、作大夫家は、十七世紀初頭に、北野天満宮の御大工職を得るとともに、十七世紀中期〜十八世紀初期に東寺、十八世紀初期〜十九世紀初期に妙心寺でも活動する。そして、甚三郎家は岩井組に属し、作大夫家は木子組を率いる。

明治時代では、甚三郎家の木子清敬が、宮内省において明治宮殿等の造営工事に携わり、子の幸三郎も同様に宮廷建築家として活躍する。また、清敬は、帝国大学工科大学造家学科（現：東京大学工学部建築学科）で初めて日本建築史に関する講義「日本建築学」を担当する。

二　建築様式と木工

最後に、建築様式とそれを手がけた木工・木工組織との関連性について、時代を追って述べたい。

中世以降、特に寺院建築等の様式を表す名称として、「和様」「大仏様」「禅宗様」「新和様」「折衷様」がある。「和様」は、古代において中国建築様式を原形として日本化した建築様式であり、鎌倉時代に中国から伝えられた「大仏様」「禅宗様」と区別するために使用される。これから記す「古代」では、この和様の変化・発展の流れを、律令制が確立する以前（飛鳥時代）と以後（奈良時代）、そして、律令制の弛緩（平安時代）の三期に分けて述べる。

1 古代

飛鳥時代の建築として、法隆寺金堂がある。その建築様式は、高句麗建築（四〜五世紀初期ごろの中国建築の様式を祖型とする）を習得した百済系の木工らの指導のもとで、我が国の木工がつくりあげたものといえる。

律令制確立後、建築関係の行政組織（木工寮・修理職等）は整備され、技術系官僚は、「大工、少工、長上工、番匠工」で構成される。これら官工のもとに、全国的な規模で大量の労働力が集められ、壮大な規模の寺院建築が造営される。奈良時代の建築様式は、中国・唐の建築様式が、朝鮮半島を経ることなく直接我が国に入ったとされる。そのためであろうか、薬師寺から東大寺に至る奈良時代の建築は、大陸風の大らかさを感じさせるのに対し、法隆寺金堂は、やや小振りでありヒューマンスケールを意識させるものといえそうである。

律令制の弛緩により、税の未納などが生じ、国家財政は逼迫、木工寮・修理職単独では、寺社等の造営を行うことが困難となる。そのため、造営工事をそれぞれ国ごとに割り当て、造営の責任を受領国司に負わせる方式がとられる。また、この時期、新しく「大工、長、連」という木工の編成組織が現れる。この場合の「大工」は官名とは無関係に、工事現場における労働組織の統率者を意味しており、「大工」と「長」は、工事ごとに設定される。こうした編成組織の変化は、木工の技術の伝承が、血縁関係や師弟関係を通して、私的な木工集団、つまり工房内部で行われるようになったことと関連するのであろう。

この時期、平等院鳳凰堂を模して造営された勝光明院御堂には、造国が採用される。木工寮工は、図面を持参して、上皇や工事の奉行等と、打ち合わせながら工事を進める。ところが、竣工後一年で、上皇の意向により立面が一部変更される等、建築の意匠に、施主である朝廷・公家の意向が強く反映される。そのため、この時期の建築は華美になりがちであり、まさに「善を尽くし美を尽くし」たものといえる。

2　中　世

大仏様は、鎌倉時代初期の東大寺再建に際し、僧重源と宋の鋳師陳和卿のもと、物部為里・桜島国宗等の木工によりつくられた様式である。中国福建省の建築様式と、和様をもとに成立したとされる。この東大寺再建工事が山場を越えつつあった一二〇三年ごろに木工の座がつくられる。おそらく、大仏殿等の主要堂宇の工事が終わり、将来的に建築需要の減少が見込まれることから、職場の安定的確保の意味合いからも座が結成されたのであろう。ところで、その座の中心となったのは、鎌倉再建以前から東大寺で活動していた木工である。一方、一二〇六年に重源が八十六歳で没した影響も手伝ってか、大仏様を手がけた木工等は東大寺から追い出され、後に、高野山奥院拝殿修理・平等院鳳凰堂修理・東福寺造営等に関与する。

他方、律宗教団による南都仏教の復興により、多くの寺院で造営が行われたが、その際、建築細部等に大仏様の手法が取り入れられ（新和様）、その担い手として東大寺系の木工の関与が指摘されている。ところで、和様を主として、それに大仏様あるいは禅宗様が大幅に取り入れられた様式を折衷様というが、この様式の建築の多くは、紀伊や瀬戸内海沿岸地方に分布し、それら地域には、前述したように律宗西大寺派の僧が活発に活動し、同時に東大寺系の木工の関与も確認できる。そのため、大和を中心にして発展した新和様が、その地において禅宗様と接触し、折衷様が成立したのではないかという指摘もある（永井規男「折衷様の建築」）。

禅宗様は、中国上海・蘇州付近の、南宋末から元の建築様式に近いとされ（関口欣也『五山と禅院』）、主に禅宗寺院に採用される。また、各地の禅宗様建築は、細部に多少の相違があるものの、様式的にはほぼ同一といえる。しかし、初期の禅宗寺院に、前述した禅宗様が当初から採用されたかは不明である。例えば、室町時代再建の東福寺三門に大仏様の組物と構架法が見出されることから、創建時の三門にも大仏様が採用されたと推定されている。そして、その根拠として、創建時と室町再建時の木工が、両方とも物部姓であることがあげられる。

ところで、禅宗寺院には、造営専門の役僧・修造司を中心とする造営組織・造営方が存在する。造営方は、五山寺院の間で建築資材の貸借を行うなど、禅宗寺院間での交流が盛んである。こうしたことが一つの誘因となったのであろうか、有力な木工が、複数の五山寺院およびその諸塔頭の大工職を所持する。

3　近　世

座および大工職の破棄令が織豊政権により発令される。これにより木工の世界での下克上が始まる。それまで権勢を振るっていた室町幕府等の木工は、その拠り所を失い、後に中井配下の棟梁衆となる。また、中世末の戦乱期に造営された城郭建築に代表されるように、建築工事の迅速性が重要視されるようになる。それまでの儀式日程を勘案しながら工事を進める方式（例えば、伊勢神宮では、式年造替の始まりを意味する木本祭から遷御まで二十以上の儀式がある）から、大量の木工を動員して、短期間で工事を終了させるようになる。そして、頭となる木工により、材の寸法が定められ、それをもとに工事が進められるので、熟練工は必要最小限で済む一方、各地より掻き集められた木工を統率する能力が新たに求められる。さらに、建築の規格化が進む一方、建築の装飾化も進み、日光東照宮のような絢爛豪華な建築が造営される。しかし、建築装飾は、江戸幕府の安定・衰退とともに、精緻な意匠から、具象模様を多用する意匠へと変質する。

ところで、寺院建築等に採用される様式を、大工技術書で確認すると、十五世紀後半期を遡るとされる「日本番匠記系本」には、和様（日本様）と禅宗様（唐様）が記される。また、和様を主体とする四天王寺流の平内の家伝書『匠明』では、和様の語は使用されないものの、その内容は和様と禅宗様（唐用）が中心であり、大仏様に関しては京都方広寺大仏殿（「北京大仏殿之図」に七手先組物等を「萬大物作也」と記す）等が記される。さらに、禅宗様を主体とする建仁寺流の甲良の家伝書「建仁寺派家伝書」でも、和様（日本様）と禅宗様（唐様）が中心で、大仏様に関しては、大仏様系の組物図（「大仏組ノ三手先」）が記される。

つまり、近世では、大工技術書を見る限り、寺院建築等に採用されるのは主に和様・禅宗様といえる。おそらく、当時の木工は、木版本に両様式が記されることなどから、両様式を自在に使い分けることが可能であったのではないかと推測される。

4 神社建築

神社建築の様式は、前述した建築様式にあえて当てはめるならば、日光東照宮に禅宗様、吉備津神社に大仏様が部分的に採用されるといった例外はあるものの、おおむね和様といえよう。しかし、伊勢神宮・出雲大社・住吉大社等の本殿は、その成立が仏教建築の伝来以前である。そのため、本殿成立後に、仏教建築の影響を受けて現在のような形式になったと推定されている。

神社特有の制度の一つとして式年造替がある。伊勢神宮は、古代から現代まで約二十年ごとに式年造替があるのに対し、北野天満宮は、五十年とされるものの（『北野誌』）、その造営間隔は一定ではない。そのため、建築需要がある程度見込める伊勢神宮では、古代より木工組織（頭工—小工）の活動が活発であったのに対し、北野天満宮では建築需要があまり多く見込めないためであろうか、数人の木工が中心となり造営工事が行われる。さらに、前例遵守の考え方が強い神社建築では、寺院建築のように、時代により、木工の系統により建築様式が異なることは少ない。ほぼ同形式の社殿が、ほぼ同じ系統の木工家により造営されたと考えられる。

ところで、伊勢神宮では、中世末に式年造替が百年近く中断し、その前後の時期に木工家が大幅に入れ替わる。その影響であろうか、中断後の最初の式年造替である天正十三年度では、社殿配置の一部が変更され、さらに、正殿の梁と桁の上下関係が内宮と外宮で逆になる。こののち社殿配置等は元に戻るものの、福山敏男は、現在の正殿の形式は、天正十三年度に古記録に準拠して復興された形式と述べる（『伊勢の神宮』）。筆者は、第六十二回式年遷宮（平成二十五年度）を終えた直後に、外宮御垣内参拝により古正殿を参拝した。古正殿は、大地に根が張るがごとき堂々とした佇まいであり、厳かな中にも自由闊達な力強さを感じさせる。

伊勢神宮正殿の形式は古代において成立したものであり、約二十年ごとに行われる式年造替によって、現代まで保持され続けてきた。他方、現社殿のプロポーションは、近世初頭の木工たちによって、伝統にもとづき復興されたものといえよう。

あとがき

子供のころ、自宅の土蔵を修理する職人さんの仕事を、一日中見ていた記憶がある。また、客間に飾ってあった屏風の前で、よく遊んでいたが、その屏風絵を、いま改めて見てみると、江戸時代後期の建設現場の様子が描かれている（図1参照）。こうした原風景に導かれたのであろうか、今回、日本の職人、特に大工さんの歴史に関する文章をまとめてみた。

永六輔は、『職人』（岩波新書四六四）の冒頭で、次のように述べている。

「僕は職人というのは職業じゃなくて、『生き方』だと思っている」

まさに本書は、市井の中に埋もれ、忘れ去られた職人（本書では、木工と呼ぶ）の「生き方」を、自分なりに描きたいと考えてまとめたものである。

「はじめに」で述べたように、建物の歴史について説明する場合、従来は、時代ごとに建築様式の違いを中心に行うものの、その建物を造った木工については、触れられることが少ない。これは、建物の工事に携わった木工についての資・史料の絶対数が少ないこととも関係するが、近・現代の建築家への注目度と比べるとその差は歴然としている。そこで本書では、出来るだけ多くの木工に関する情報を組み入れて記述したつもりである。

本書で取りあげた木工以外にも、特に江戸時代に活躍した木工の例は、数多くある。そのため、その活動の様子をまとめた著書等の主なものを参考文献にあげてある。今後もこうした木工に関係する史・資料が発掘・公開され、さらなる職人史研究の進展が続くことを願いたい。

ところで、今回のコロナ禍による、海外渡航や国内移動の制限などのために、研究活動の停滞を余儀なくされた研究者が少なからずいると聞き及んでいる。私の場合は偶然にも、研究資料などの収集がおおかた終了し、執筆作業に入るところで、このコロナ禍を迎えた。最初の頃はリモート授業に戸惑ったが、慣れてくると通勤時間等が省けた分、図らずもたっぷりと自宅時間ができ、その自宅時間を原稿の仕上げに費やすことができた。

なお、史料閲覧および写真の掲載に関しては、石山寺・国立公文書館・国立国会図書館・神宮司庁・世田谷区教育委員会等の方々のお世話になっており、ここに深く謝意を表したい。

最後に、コロナ禍においても、私の研究活動を暖かく見守ってくれている家族に感謝して筆を擱くこととする。

二〇二二年　二月

浜　島　一　成

参考文献

＊複数の章にまたがる場合は、原則として初出の章に記載。

全体

遠藤元男『日本職人史の研究』雄山閣　一九六一年
太田博太郎「建築と工匠」『日本建築の特質（日本建築史論集Ⅰ）』岩波書店　一九八三年
永井規男「歴史のなかの建築生産システム」『新建築学大系』四四巻　彰国社　一九八二年
渡辺保忠『日本建築生産組織に関する研究』明現社　二〇〇四年（初出は一九五九年）
『新建築学大系　二　日本建築史』彰国社　一九九九年

Ⅰ—第一章

浅香年木『日本古代手工業史の研究』法政大学出版局　一九八四年
伊藤延男「大仏背後の山」『奈良国立文化財研究所学報　第二一冊』研究論集Ⅰ　一九七二年
荊木美行『初期律令官制の研究』和泉書院　一九九一年
上島　享『日本中世社会の形成と王権』名古屋大学出版会　二〇一〇年
海野　聡『奈良時代建築の造営体制と維持管理』吉川弘文館　二〇一五年
遠藤元男「7世紀の大匠・将作大匠について」『駿台史学』二五号　一九六九年
大河直躬「造東大寺所と修理所」『建築史研究』三五号　一九六四年九月
大草一章「唐招提寺の造営」『奈良美術研究』二〇号　二〇一九年三月

岡藤良敬「造寺司木工について」『九州史研究』御茶の水書房　一九六八年
加藤謙吉「猪名部に関する基礎的考察」『民衆史研究』一七号　一九七九年
櫛木謙周「平安初期の寺院と技術者—三嶋嶋継の足跡を中心に—」『古代の日本と東アジア』小学館　一九九一年
櫛木謙周『日本古代労働力編成の研究』塙書房　一九九六年
小坂慶介「木工寮と修理職」『続日本紀と古代社会』続日本紀研究会　二〇一四年
澤村　仁『日本古代の都城と建築』中央公論美術出版　一九九五年
関口欣也「朝鮮三国時代建築と法隆寺金堂の様式的系統」『関口欣也著作集　二』中央公論美術出版　二〇一二年
竹内理三『寺領荘園の研究』吉川弘文館　一九八二年
角田（小林）文次「鳥羽殿勝光明院について」『建築史』六—一～三　一九四四年
長山泰孝『律令負担体系の研究』塙書房　一九七六年
平野邦雄『大化前代社会組織の研究』吉川弘文館　一九六九年
古尾谷知浩『日本古代の手工業生産と建築生産』塙書房　二〇二〇年
松原弘宣「修理職についての一考察」『ヒストリア』七八号　一九七八年三月
弥永貞三『日本古代社会経済史研究』岩波書店　一九八〇年

I—第二章

赤松俊秀『古代中世社会経済史研究』平楽寺書店　一九七二年

稲垣栄三「古代・中世における神宮の式年遷宮」『神宮　第六〇回神宮式年遷宮』小学館　一九七五年
太田博太郎「五山の建築」『社寺建築の研究（日本建築史論集Ⅲ）』岩波書店　一九八六年
大河直躬「大工職成立についての覚書」『建築史研究』二七　一九五八年
大河直躬『番匠』法政大学出版局　一九七一年
大河直躬「棟梁の語源」『建築雑誌』一三〇五号　一九九〇年一〇号
川上　貢「祇園社鳥居の造営における諸点について」『日本建築学会研究報告』一一号 一九五一年
桜井英治「三つの修理職―非官司請負制的体系と天皇支配―」『遥かなる中世』八号　一九八七年
桜井英治「一六世紀京都の職人組織」『歴史学研究』五七九号　一九八八年四月
桜井英治『日本中世の経済構造』岩波書店　一九九六年
笹本正治『戦国大名と職人』吉川弘文館　一九八八年
関口欣也「中世禅宗様建築の研究」『関口欣也著作集　一』中央公論美術出版　二〇一〇年
高田良信『法隆寺子院の研究』同朋舎　一九八一年
玉村竹二「五山の僧職」『日本禅宗史論集　下之二』思文閣　一九七九年
豊田　武『座の研究　豊田武著作集　第一巻』吉川弘文館　一九八二年
永井規男「実隆公記に現われた貴族住宅の作事」『日本建築学会論文報告集』一三六号　一九六七年
永井規男「中世の作所について」『日本建築学会大会学術講演梗概集』一九八七年十月
永井規男「創成期の東福寺とその大工たち」『日本建築学会計画系論文報告集』四三一号　一九九二年
永井規男「室町期の大工神森氏の史料」『日本建築学会大会学術講演梗概集』一九九二年
中村雄三『図説　日本木工具史』新生社　一九七四年

永村　眞『中世東大寺の組織と経営』塙書房　一九八九年
浜島一成『中世日本建築工匠史』相模書房　二〇〇六年
細谷公大「伊勢神宮工匠の発生とその展開―特に進止権の所在を中心に―」『明治聖徳記念学会紀要』復刊五三号　二〇一六年一一月
安田次郎『中世の興福寺と大和』山川出版社　二〇〇一年
横田冬彦「禁裏大工」『身分的周縁と近世社会8　朝廷をとりまく人々』高埜利彦編　吉川弘文館　二〇〇七年
脇田晴子『日本中世商業発達史の研究』御茶の水書房　一九六九年
渡辺　晶『大工道具の日本史』吉川弘文館　二〇〇四年

Ⅰ―第三章

伊藤要太郎校訂『匠明』鹿島出版会　一九八二年
乾　宏巳「座から株仲間へ―職人仲間における―」『日本社会史研究』八号　一九六〇年四月
乾　宏巳「江戸の職人」『江戸町人の研究』第三巻　吉川弘文館　一九七四年
乾　宏巳「近世職人の形成について」『近世封建支配と民衆社会』和歌森太郎先生還暦記念　弘文堂　一九七五年
川上　貢『近世上方大工の組・仲間』思文閣出版　一九九七年
川村由紀子『江戸・日光の建築職人集団』岩田書院　二〇一七年
清水重敦『建築保存概念の生成史』中央公論美術出版　二〇一三年

鈴木解雄「江戸幕府小普請方について」『日本建築学会論文集』六〇号　一九五八年十月
高橋恒夫『近世在方集住大工の研究』中央公論美術出版　二〇一〇年
田辺　泰「江戸幕府作事方の職制について」『建築雑誌』五九八号　一九三五年
谷　直樹『中井家大工支配の研究』思文閣出版　一九九二年
内藤昌他「江戸幕府小普請方の成立過程について」『日本建築学会大会学術講演梗概集』一九六九年八月
内藤　昌『愚子見記の研究』井上書院　一九八八年
永井規男「播磨と淡路の集住大工について」『近世建築の生産組織と技術』川上貢編　中央公論美術出版　一九八四年
服部文雄「近世の規矩術」『近世社寺建築の研究』第三号　奈良国立文化財研究所　一九九二年
溝口明則「木割書について」『近世社寺建築の研究』第三号　奈良国立文化財研究所　一九九二年
吉田純一「京大工頭中井配下の棟梁層の形成過程と組織化に関する研究」私家版　一九八五年
吉田高子「新堂村大工五兵衛とその周辺」『浄真寺　文化財綜合調査報告』東京都世田谷区教育委員会　一九八六年
小葉田淳・内藤昌監修『日本建築古典叢書』第三・五・八・九　大龍堂書店　一九八五～九三年

Ⅱ―第一章

網野善彦『中世東寺と東寺領荘園』東京大学出版会　一九八三年
今江広道「宮内庁書陵部所蔵「実躬卿記嘉元四年五月巻」紙背文書」『古文書研究』一二号　一九七八年
川上　貢「東寺の営繕関係工人について」『日本建築学会研究報告』一八号　一九五二年

金子　拓「室町期東寺造営方の活動とその変質」『史学雑誌』一一三編　第九号　二〇〇四年九月
後藤　治「中世東寺における造営の様相」『普請研究』一八　一九八六年
後藤　治『造営事業を通してみた寺院建築の歴史的背景に関する研究』私家版　一九九七年
高橋康夫他編『室町幕府文書集成　奉行人奉書篇』上・下巻　思文閣出版一九八五〜六年
武田　修『第三回東寺百合文書展　東寺の造営』京都府立総合資料館　一九八六年七月
富田正弘「中世東寺における法の制定と編纂」『京都府立総合資料館紀要』一六号　一九八八年
中ノ堂一信「中世的「勧進」の形成過程」『中世の権力と民衆』創元社　一九七〇年
浜島一成「東寺の惣大工と修理大工」『中世日本建築工匠史』　相模書房　二〇〇六年
松尾剛次「勧進の体制化と中世律僧」『日本史研究』二四〇号　一九八二年
和田英松『新訂　官職要解』講談社学術文庫六二一　一九八七年
京都府立京都学・歴彩館　東寺百合文書ＷＥＢ

Ⅱ—第二章

豊田武編『高野山領庄園の支配と構造』巌南堂書店一九七七年
永井規男「時の大工と番匠衆」『日本建築学会近畿支部研究報告集』一九九六年
鳴海祥博「丹生都比売神社の建築と天野番匠」『和歌山県立博物館研究紀要』第一〇号　二〇〇三年十月
浜島一成「一一世紀末〜一五世紀の高野山における建築工匠の活動形態について」『日本建築学会計画系論文集』六一八号　二〇〇七年八月
和多昭夫「中世高野山の僧侶集会制度」『密教文化』四五・四六号　一九五九年

和多昭夫「中世高野山教団の組織と伝道」『日本宗教史研究 第一』法蔵館 一九六七年
山陰加春夫「中世高野山教団組織小考—その一 五番衆について—」『密教学研究』一三号 一九八一年
和歌山県文化財研究会編『重要文化財金剛峯寺大門修理工事報告書』高野山文化財保存会 一九八六年
「高野山文書」『大日本古文書 家わけ第一』東京大学史料編纂所
『高野山文書』歴史図書社

Ⅱ—第三章

大河直躬「中世の伊勢神宮造替における工匠と諸下行について」『中世建築の制作組織に関する研究』私家版 一九六一年
川上 貢『日本建築史論考』中央公論美術出版 一九九八年
千枝大志「中世末・近世初期の伊勢御師に関する一考察」『近世の伊勢神宮と地域社会』上野秀治編 岩田書院 二〇一五年
中西正幸『神宮式年遷宮の歴史と祭儀』大明堂 一九九五年
野田精一「伊勢山田の御師 三頭太夫とその文書」『三重史学』二号 一九五九年、同題名『地方史研究』四三号 一九六〇年
浜島一成『伊勢神宮を造った匠たち』吉川弘文館 二〇一三年
浜島一成「小工の系譜について—一六〜一七世紀における伊勢神宮の工匠組織に関する研究 その2—」『日本建築学会計画系論文集』七三〇号 二〇一六年一二月
浜島一成「式年遷宮を支えた匠たちの系譜」『瑞垣』二三七号 二〇一七年五月

平泉隆房『中世伊勢神宮史の研究』吉川弘文館　二〇〇六年
福山敏男『伊勢の神宮』近畿日本鉄道　一九六一年
福山敏男『伊勢神宮の建築と歴史』日本資料刊行会　一九七七年
細谷公大「中世後期から近世初期における遷宮の政治史的展開と工匠組織―皇大神宮別宮伊雑宮を事例に―」『神道史研究』五三巻一号　二〇〇五年六月
『神宮遷宮記』神宮司庁

Ⅱ―第四章

伊藤延男「日本における文化財保護の発達」『新建築学大系五〇　歴史的建造物の保存』彰国社　一九九九年
貝　英幸「仏教大学図書館所蔵「北野宮寺大工職関係文書」について」『仏教大学歴史学部論集』創刊号　二〇一一年三月
小泉恵子「松梅院禅能の失脚と北野社御師職」『遥かなる中世』八号　一九八七年
瀬田勝哉『変貌する北野天満宮 中世後期の神仏の世界』平凡社　二〇一五年
豊田　武『増訂中世日本商業史の研究』岩波書店　一九六八年
浜島一成「一五世紀末〜一七世紀の北野天満宮における建築工匠の系譜と活動形態について」『建築史学』五九号　二〇一二年九月
福山敏男「北野天満宮の石の間」『日本建築史研究　続編』墨水書房　一九七一年
横田冬彦「近世都市と職人集団」『日本都市史入門　Ⅲ　人』高橋康夫他編　東京大学出版会　一九九〇年

「北野社家日記」『史料纂集』古記録編　続群書類従完成会
『北野天満宮史料』北野天満宮

Ⅱ—第五章

稲葉信子『木子清敬と明治二〇年代の日本建築学に関する研究』私家版　一九八九年
川上孤山『増補妙心寺史』思文閣　一九七五年
木子清忠「木子家の系譜」『ある工匠家の記録』私家版　一九八八年
栗本康代他「禁裏修理職大工の木子家—寛政度内裏に関する研究（三）—」『日本建築学会計画系論文集』六五二号　二〇一〇年六月
谷　直樹「京都の棟梁たち」『京都の歴史』四　学芸書林　一九六九年
永井規男「東山殿の大工」『日本建築学会近畿支部研究報告集』一九七二年六月
永井規男「室町幕府の右衛門尉大工について」『日本建築学大会学術講演梗概集』一九七二年
永井規男「禁裏御大工四職について」『日本建築学会近畿支部研究報告集』一九八五年五月
平井俊行『近世妙心寺建築の研究』思文閣出版　二〇一三年
『教王護国寺歴史的建造物調査報告書』教王護国寺　二〇一六年

終　章

清水真一「中世法隆寺大工とその造営形態」『建築史学』一二号　一九八九年
関口欣也「五山と禅院」『関口欣也著作集三』中央公論美術出版　二〇一六年

光井　渉「和様・唐様・天竺様の語義について」『建築史学』四六号　二〇〇六年三月
永井規男「折衷様の建築」『全集　日本の古寺一七　山陰・山陽の古寺』集英社　一九八五年
山本栄吾「東大寺八幡座の終末」『日本建築学会論文報告集』六〇号　一九五八年

＊江戸時代に活躍した木工については、枚挙にいとまがないほどの著作があるが、その中でも、研究者らによりまとめられた著書としては、おもに次のものがあげられる。

建部恭宣『京・近江・丹後大工の仕事—近世から近代へ—』思文閣出版　二〇〇六年
田中徳英『加賀藩大工の研究—建築の技術と文化—』　桂書房　二〇〇八年
中西大輔『近世における賀茂別雷神社の役大工に関する史的研究』私家版　二〇一二年
日向　進『近世京都の町・町家・町家大工』思文閣出版　一九九八年
渡辺洋子『近世地方大工に見る職人仲間の性格と地域性』私家版　一九八八年

＊また、日中韓の木工について、例えば次のものがあげられる。

竹中大工道具館開館三〇周年記念巡回展「日中韓　棟梁の技と心」竹中大工道具館　二〇一四年

索　　引

あ　行

か　行

さ　行

た　行

な　行

は　行

ま　行

や　行

ら　行

わ　行

著者略歴

一九五八年　埼玉県に生まれる

一九九〇年　日本大学大学院理工学研究科博士後期課程建築学専攻修了

現在、日本大学理工学部建築学科講師、工学博士

〔主要著書〕

『新版　日本建築図集』（共編、相模書房、二〇〇三年）

『中世日本建築工匠史』（相模書房、二〇〇六年）

『伊勢神宮を造った匠たち』（吉川弘文館、二〇一三年）

日本建築を作った職人たち

寺社・内裏の技術伝承

二〇二二年（令和四）五月二十日　第一刷発行

著　者　浜《はま》島《じま》一《かず》成《なり》

発行者　吉川道郎

発行所　株式会社　吉川弘文館

郵便番号一一三―〇〇三三

東京都文京区本郷七丁目二番八号

電話〇三―三八一三―九一五一〈代表〉

振替口座〇〇一〇〇―五―二四四番

http://www.yoshikawa-k.co.jp/

組版＝文選工房

印刷＝亜細亜印刷株式会社

製本＝株式会社　ブックアート

装幀＝渡邉雄哉

ISBN978-4-642-08410-9